beck'sche reihe

bsr

Aggressivität und Gewalt junger Menschen werden mit wachsender Besorgnis wahrgenommen und von den Medien besonders bei spektakulären Einzelfällen schwerer Gewalt aufgegriffen. Das Problem hat erhebliche gesellschaftliche Bedeutung. Lehrer, Schüler und Eltern sind aber auch nicht machtlos, wenn Aggression und Gegenaggression überhand nehmen. Das Buch stellt das international erfolgreichste Präventionsprogramm in den Mittelpunkt und leitet Handlungsempfehlungen daraus ab, die jeder umsetzen kann.

Britta Bannenberg ist Professorin für Kriminologie, Strafverfahrensrecht und Strafrecht an der Universität Bielefeld. Von ihr liegen bei C.H. Beck vor: *Korruption in Deutschland. Portrait einer Wachstumsbranche* (2004, zusammen mit Wolfgang Schaupensteiner) und *Kriminalität in Deutschland* (2005, zusammen mit Dieter Rössner).
Dieter Rössner ist Professor für Strafrecht und Kriminologie an der Universität Marburg. Er ist u.a. Mitglied des interdisziplinären Zentrums für Konfliktforschung.

Britta Bannenberg
Dieter Rössner

Erfolgreich gegen Gewalt in Kindergärten und Schulen

Ein Ratgeber

Verlag C. H. Beck

Mit 3 Abbildungen

Unter Mitarbeit von Thomas Grüner,
Gabriele Haug-Schnabel und Jacqueline Kempfer

Originalausgabe

Verlag C.H. Beck oHG, München 2006
Gesamtherstellung: Druckerei C. H. Beck, Nördlingen
Umschlagentwurf: +malsy, Willich
Umschlagabbildung: © Broneske/images.de
Printed in Germany
ISBN-10: 978 3 406 54140 2
ISBN-13: 3 406 54140 7

www.beck.de

Inhalt

Einleitung

Aggressivität und Gewalt junger Menschen werden mit wachsender Besorgnis wahrgenommen und von den Medien immer häufiger aufgegriffen, besonders wenn es um spektakuläre Einzelfälle schwerer und schwerster Gewalt an Schulen geht. Die Forschungslage zum Problem der Gewalt an Schulen (im internationalen Sprachgebrauch: *Bullying*) und zu Gegenstrategien hat sich in den letzten Jahren deutlich verbessert. Inzwischen liegen sowohl gute Analysen zu Art und Umfang gewalttätigen Verhaltens junger Menschen als auch weitgehend übereinstimmende kriminalpräventive Erkenntnisse über Gegenmaßnahmen vor. Die Forschungsergebnisse zeigen, dass weder eine Verharmlosung des Gewaltproblems an Schulen noch eine Dramatisierung angezeigt ist. Es handelt sich um ein Problem von erheblicher gesellschaftlicher Bedeutung, was sich nicht nur aus der Häufigkeit der Gewalttaten ergibt, sondern insbesondere aus den gravierenden Folgen für die Opfer, die deren gesamtes weiteres Leben beeinträchtigen können. Auf Täterseite ist der erwiesene Zusammenhang zwischen Aggressionen und häufigen Gewaltakten in der Schule und späterer Straffälligkeit zu sehen. Nicht zuletzt ist auch an die Lebensqualität und berufliche Zufriedenheit der Lehrer zu denken. Aufgabe der Schule ist nicht nur die Wissensvermittlung, sondern sie ist für viele Jahre Lebensraum und neben der Familie die Basis der Sozialisation. Bildung als Fundament ethischen Handelns ist in einem umfassenden Sinn zu verstehen und kann nicht auf eine Wissenskomponente reduziert werden.

Bei der Beschäftigung mit den Grundbedingungen und Störfeldern der Sozialisation zeigt sich rasch die Basis sozialen Lernens von Normen, Werten und Verhalten in der Familie oder in Ersatzformen des Aufwachsens in den ersten Lebensjahren.

Hier werden zunehmend Störungen und ungünstige negative Aufwachsensbedingungen deutlich und in ihrer Bedeutung für die gesamte Entwicklung der Persönlichkeit erkannt. Wenn Familien heute vielfach überfordert sind und aus vielfältigen Gründen ihren Erziehungsaufgaben nicht nachkommen oder diese nicht wahrnehmen können, werden Kindergarten und Schule als wichtige Instanzen sozialen Zusammenlebens und Erziehens immer wichtiger. Aus diesem Grund weiten wir hier den Blick und stellen nicht nur die Schule, sondern auch den Kindergarten in den Mittelpunkt der Betrachtung. Welche Möglichkeiten sich nach dem heutigen Wissensstand bereits ergeben, um «für das Leben zu lernen» und sozial positive Verhaltensmuster zu erwerben, wollen wir in diesem Buch darlegen.

Die Darstellung wird die gesellschaftliche Dimension des Problems und die Notwendigkeit zeigen, auf Verhaltensauffälligkeiten, Aggressivität und Gewalt in der Schule zu reagieren. Damit soll nicht der Schule eine Verantwortung zugeschoben werden, die eine Aufgabe von Eltern und Erziehungspersonen im nahen sozialen Umfeld und in den frühen Lebensjahren darstellt. Man kommt aber nicht umhin zu erkennen, dass diese Erziehungsaufgaben vielfach nicht mehr erfüllt werden. Die Schule ist dann nicht nur der Ort, an dem die nachholende Sozialisation mit geeigneten Methoden am besten gelingen kann. Die Schule ist auch der Ort, an dem junge Menschen für Jahre zwangsweise aufeinander treffen. Und nicht auf Gewaltprobleme zu reagieren, heißt, einzelne Lehrer am Problem verzweifeln zu lassen, das Schulklima unerträglich werden zu lassen und Opferwerdungen unter Schülern zu dulden. Auch die spätere Delinquenz bei den Tätern wird so in Kauf genommen.

Nach den Erkenntnissen über Normenlernen und Sozialisation sind eine frühe und intensive Beeinflussung sowie der Aufbau positiver Bindungen und Interessen der beste Weg, Ausgrenzung und Abdriften aggressiver Kinder und Jugendlicher zu vermeiden oder abzumildern. Wichtig ist aber auch ein sinnvolles Vorgehen. Die Darstellung wird zeigen, warum Videoüberwachungen an Schulen, Zugangskontrollen und punktuelle Maßnahmen (etwa die Verschönerung des Schulhofes oder die

Behandlung der Gewaltthematik im Unterricht) Gewaltprobleme nicht lösen können. Im Kern sollen überzeugende Maßnahmen aufgezeigt werden, die sich modellhaft in jeder Schule umsetzen lassen.

In Teil I wird nach einer kurzen Einführung zur Ausgangssituation der Gewalt an Schulen das international erfolgreichste Gewaltpräventionsprogramm vorgestellt. Wie die Erprobungen in verschiedenen Ländern, unter anderem in Deutschland, zahlreiche Evaluationsstudien sowie eine Metaanalyse ergaben, zeigt das Interventionsprogramm des norwegischen Psychologen und Pädagogen Dan Olweus, das sich als Mehr-Ebenen-Ansatz in systemischer Sichtweise mit dem gesamten Mikrokosmos Schule befasst, die besten gewaltvermindernden Effekte. Eine Reduktion von Aggression und Gewalt wurde ebenso erreicht wie eine Verringerung allgemein antisozialen Verhaltens und eine deutliche Verbesserung des Sozialklimas. Die Wirksamkeit lässt sich nicht nur empirisch belegen, sondern auch theoretisch sowohl mit der von Olweus vertretenen Lerntheorie als auch mit neueren Erklärungsansätzen wie dem Pyramidenmodell normativer Sozialisation, Kontrolltheorien und der Entwicklungskriminologie begründen.

Werden Ereignisse wie die monatelangen Quälereien von Berufsschülern in Hildesheim oder einzelne spektakuläre Fälle wie etwa die «Geburtstagsprügeleien» in der Schule Stadthagen bekannt, bestimmen häufig noch immer Abwehr oder Ratlosigkeit die ersten Reaktionen. Oft wird auf vermeintlich schnelle Lösungen von der Forderung nach mehr Schulsozialarbeitern bis hin zur Videoüberwachung von Schulhöfen gesetzt. Dagegen zeigen die Mehr-Ebenen-Programme, die langfristig angelegt sind und auf eine vernetzte und gemeinsame Problemlösung abzielen, deutliche und nachhaltige Verbesserungen, die zudem mit Vergleichs- und Verlaufsstudien wissenschaftlich belegt werden können. So fügen sich kriminologische Erkenntnisse der Grundlagenforschung und Modelle der Intervention konsequent in die praktischen Erfahrungen ein.

Die Mehr-Ebenen-Programme wollen einen Rahmen schaffen, in dem Gewalt durch Thematisierung, Grenzziehung und

Integration keine Chance im Schulalltag hat. Dies ist nicht durch hektische Maßnahmen nach einem beunruhigenden Gewaltakt oder durch den unspezifischen Einsatz von Schulsozialarbeitern zu erreichen, sondern nur durch eine langfristige Präventionsstrategie, die großes und dauerhaftes Engagement der Institution und aller Beteiligten erfordert. Nur auf dieser Basis ist es möglich, auch «schwierige Fälle» mit zusätzlicher professioneller Hilfe zu einem friedlichen Zusammenleben zu führen.

In diesem Buch sollen nicht nur die theoretischen Modelle und die Grundprinzipien der erfolgreichen Programme dargelegt werden. Sowohl für den Kindergarten als auch für Schulen werden wichtige Hinweise für die praktische und konkrete Umsetzung der Prinzipien gegeben. Weiter soll aufgezeigt werden, wie Lehrer, Eltern und Schüler konkret vorgehen können, um den Schulalltag gewaltfreier und das Zusammenleben in der Schule positiver zu gestalten. Hilf- und Ratlosigkeit werden konkrete Anwendungshinweise gegenübergestellt.

Teil II verweist auf erfolgreiche Erprobungen in Deutschland: Im Landkreis Viersen hat eine Allianz von Schulleitern und Polizei zu einer Erprobung dieser Methoden geführt. Die Erfolge sind beeindruckend, eine erste vorsichtige Einschätzung lässt auf einen Rückgang der Jugendgewalt im gesamten Landkreis schließen. Das Land Nordrhein-Westfalen zeigt sich einer flächendeckenden Ausdehnung des Programms gegenüber aufgeschlossen. Dennoch darf nicht verschwiegen werden, dass sowohl auf politischer Ebene als auch in der Lehrerausbildung weiterhin Handlungsbedarf besteht.

In Schleswig-Holstein zeigt sich die Politik unbeeindruckt von diesen wirkungsvollen Befunden. In der Konsequenz ändert sich weder in der Pädagogikausbildung noch in der Unterstützung der einzelnen engagierten Schulen etwas. Die Schulen bleiben als «Einzelkämpfer» in der Pflicht, die Wirksamkeit und den Nutzen des Mehr-Ebenen-Programms Kollegen und Eltern nahe zu bringen. Hier ergeht deshalb ein eindringlicher Appell an die Kultusministerien, die Forschung nicht länger zu ignorieren und Gewaltprävention besonders engagierten Lehrern und Schulen zu überlassen. Die wirksamen Konzepte müssen zum Standardwissen jedes angehenden und im Beruf stehenden Lehrers werden!

Der Diplom-Psychologe Thomas Grüner, seit 1997 in der Schulentwicklung und Methodenausbildung tätig, stellt in Teil III anschauliche Regeln und praktische Möglichkeiten dar, die Prinzipien mit Leben zu füllen. Wie kann konkret auf Konflikte, unangemessenes Verhalten und Gewalt in der Schule reagiert werden? Wie schafft man es, diese Reaktionen auch zufriedenstellend zur Konfliktlösung einzusetzen? Welches Verhalten ist falsch, kontraproduktiv und muss vermieden werden?

Da der Grundstein für Verhaltensauffälligkeiten bereits in früher Kindheit gelegt wird, ist es sinnvoll, früh anzusetzen. In Teil IV geht die Verhaltensbiologin Gabriele Haug-Schnabel daher dem Thema Aggression im Kindergarten auf den Grund. Sie zeigt auf, dass Aggressionen wichtige Verhaltensäußerungen des sozialen Konfliktlernens und nicht durchweg negativ als gewalttätige Verletzungen zu bewerten sind. Wann jedoch Gewalt bereits in frühen Lebensjahren besondere Aufmerksamkeit und pädagogische Interventionen benötigt und wie aggressive Handlungen fatale Lerneffekte insbesondere in der Gruppe hervorrufen können, wird erörtert. Die frühe Belohnung positiver Verhaltenspotenziale kann eine Gegenentwicklung in Gang setzen. Den Kindergärten kommt somit hohe Bedeutung für die Persönlichkeitsentwicklung zu. Die Kriminologin Jacqueline Kempfer fasst die wichtigsten wirksamen Kindergartenprogramme in Teil V zusammen.

Kurz soll der Ausblick auf weitere nützliche Ergänzungen in Teil VI ausfallen. Der gesamte Bereich der Frühprävention befindet sich aktuell in der Diskussion: Schwangerschaftsberatung, Familienprogramme, Eltern-Erziehungstrainings, in denen der Umgang mit Konfliktsituationen geübt wird, sind zu empfehlen. Das Ziel dieser Maßnahmen ist eine Verbesserung der Chancen aller Kinder auf ein friedliches Zusammenleben, das ein «Lernen für das Leben» erst möglich macht. Der schulische Alltag wird durch soziale Bedingungen belastet, die mancherorts besonders problematisch werden können: soziale «Brennpunkte» mit einem hohen Anteil von Schülern in sozialer Schieflage, die eine Kumulation negativer Verhaltensauffälligkeiten mitbringen, die nur vernetzt mit anderen gesellschaftlichen Institutionen gelöst werden können. Migrantenanteile von 70 Prozent und mehr in Gebieten mit solcher Randlage zeigen die sozialen Defizite wie unter einem Brennglas. Häufig beginnen Probleme aber sehr früh. Alkohol und Misshandlungen in der Schwangerschaft schaffen hochriskante Ausgangssituationen für die kindliche Entwicklung. Ohne Frühprävention entstehen negative Ausgangsbedingungen mit schlechteren Bildungschancen. Darüber hinaus finden an belasteten Schulen tagtäglich erhebliche Verletzungen statt, die zu einer starken psychischen Beanspruchung von Schülern und Lehrern führen. Die wissenschaftliche Untersuchung von Schulschwänzerprogrammen weist positive Erfolge auf. Schule kann auch ein Ort sein, an dem Toleranzerziehung gelingt und wichtige Gegeneffekte gegen familiäre und nachbarschaftliche Vorurteilsbildungen sowie Abwertungen anderer Menschen oder Gruppen erzeugt werden können.

Es gibt positive Beispiele, die erfolgreiche Zeichen gegen die Misere setzen und als Vorbild für eine bundesweite Umsetzung und Änderung der Ausbildungsinhalte in der Pädagogik dienen könnten. So werden etwa innerhalb des Studienganges Deutsch als Fremdsprache an der Universität Bielefeld Schüler aus Migrantenfamilien gezielt sprachlich und fachlich gefördert und erreichen damit Lernmotivation und eine erhebliche Verbesserung der Schulnoten. Bislang ist diese Initiative von der Freiwilligkeit der Studierenden abhängig.

Teil I

Erfolgreiche Gewaltprävention

Ausgangslage: Gewalt an Schulen

Gewalt an den Schulen wird nicht erst seit dem Amoklauf im Erfurter Gutenberg-Gymnasium (26. April 2002) oder nach aktuellen Einzelereignissen als dramatisches Problem angesehen. Stellte die Antigewaltkommission der Bundesregierung 1990 noch fest, dass zur Aggression an Schulen kaum empirische Untersuchungen vorhanden seien,[1] hat sich die Forschungslage seitdem deutlich verbessert. Inzwischen liegen viele internationale Studienergebnisse zu Ursachen und Gewaltprävention vor.

Das Ausmaß der Gewalt an Schulen zu messen, bringt mehrere Schwierigkeiten mit sich. Zunächst muss begrifflich bestimmt werden, was unter Gewalt und Schule zu verstehen ist, oder genauer: Welche Taten sollen als Gewaltaktionen an Schulen verstanden werden. Bei Schulen handelt es sich in der Regel um öffentliche, teilweise private Einrichtungen, die von Kindern und Jugendlichen meist zwischen dem sechsten und sechzehnten Lebensjahr verpflichtend, darüber hinaus freiwillig besucht werden, um Bildung und Erziehung zu erfahren. Aus kriminologischer Sicht ergibt sich die Frage, ob nur Gewaltereignisse in der Schule oder auch jene auf dem Schulweg oder gar alle von Schülern begangenen Handlungen als Schulgewalt erfasst werden sollen. Gewalt ist ein weiter Begriff. Er kann sich auf gewalttätige Auseinandersetzungen zwischen Schülern beziehen, aber auch auf Gewalt von Schülern gegen Lehrer beziehungsweise Lehrern gegen Schüler ausgedehnt werden. Darüber hinaus sind qualitativ verschiedene Verhaltensweisen körperlicher und psychischer Schädigungen, Bullying sowie Sachbeschädigungen zu unterscheiden. Die Vielfalt der Behandlung der Gewaltphänomene zeigt sich auch in den Titeln von Publikationen wie etwa *Aggression und Delinquenz unter Jugendlichen*[2] oder *Gewalt in der Schule*[3], sie wird ebenso unter Bezugnahme auf Anti-Bullying-Strategien diskutiert. Die wissenschaftliche Debatte um den Gewaltbegriff soll hier nicht geführt werden. Gewalt soll verstanden werden als zielgerichtete direkte Schädigung unter körperlichem Einsatz.[4]

Gewalt an Schulen wurde bis zum Gutachten der Gewaltkommission 1990[5] weder in der Wissenschaft noch in der Öffentlichkeit thematisiert.[6] Erst mit der Zunahme rechtsextremistischer und fremdenfeindlicher Gewalttaten von Jugendlichen zu Beginn der neunziger Jahre geriet auch die Schule in den Blick.

Statistiken über Gewalt an Schulen existieren nicht. Für die offizielle Registrierung von Umfang, Struktur und Entwicklung der Jugendkriminalität stehen die jährlich erscheinende Polizeiliche Kriminalstatistik (PKS) und die Strafverfolgungsstatistik (SVS) zur Verfügung. Die PKS erfasst Taten, die von der Polizei registriert werden, die SVS weist mit erheblicher Verzögerung Erledigungen durch die Justiz aus. Weniger als die Hälfte der Jugendlichen, gegen die ein Ermittlungsverfahren geführt wird, wird von einem Gericht (förmlich) verurteilt, die meisten Strafverfahren werden von der Staatsanwaltschaft nach informellen Verfahren (vielfach mit Auflagen und Weisungen) erledigt. Insoweit gibt die PKS ein umfassenderes Bild über das Kriminalitätsgeschehen, sie kann jedoch das Dunkelfeld (also Taten, die begangen, der Polizei aber nicht bekannt wurden) nicht angeben. Es gibt auch keine Verlaufsstatistik, die nachweisen könnte, wie die Verdachtsfälle eines Jahrgangs von der Justiz erledigt werden. Die PKS erfasst die meisten Verkehrsstraftaten nicht, diese erscheinen jedoch in der SVS. Das Anzeigeverhalten der Bevölkerung spiegelt sich in der PKS wider: Fast 90 Prozent aller Verfahren werden durch Dritte oder Opfer angezeigt. Sie ist ein wichtiges Hilfsmittel zur Einschätzung der realen Kriminalitätslage. Ihre Aussagekraft kann durch Dunkelfelduntersuchungen ergänzt oder korrigiert werden.

Die Polizeiliche Kriminalstatistik weist mithin keine Zahlen zu Gewaltvorfällen an Schulen aus. Mittelbar werden durch sie aber die Aktivitäten von Schülern deutlich, weil bekannt gewordene Taten von Kindern und Jugendlichen erfasst werden. Und sie zeigt ein typisches Phänomen, das bei allen Unsicherheiten kriminalstatistischer Erfassungen als Standardwissen gilt: Viele Kinder und Jugendliche begehen Straftaten, ohne dass daraus eine kriminelle Karriere erwächst. Die Taten sind vielfach als normale Normübertretungen im Prozess des Aufwachsens zu verstehen, die sich später von selbst verlieren. Lediglich fünf bis zehn Prozent der Täter eines Jahrgangs durchlaufen problematische Entwicklungen zu Intensivtätern und sind für über 50 Prozent der schwereren Taten des gesamten Jahrgangs verantwortlich. Normal ist eine höhere Beteiligung von Jungen gegenüber Mädchen. 2004 waren 71,7 Prozent der Tatverdächtigen unter vierzehn Jahren (also strafunmündig) Jungen und 28,3 Prozent Mädchen, bei den bereits strafmündigen Jugendlichen (vierzehn bis siebzehn Jahre) waren 74,2 Prozent männlich und 25,8 Prozent weiblich, bei den Heranwachsenden (achtzehn bis zwanzig Jahre) waren 80 Prozent männlich und 20 Prozent weiblich. Erwachsene Tatverdächtige sind zu 76,6 Prozent männlich und zu 23,4 Prozent weiblich. Dazu kommen deliktspezifische Besonderheiten. Beim Schwarzfahren und bei Ladendiebstahl sind Mädchen und Jungen etwa gleich häufig beteiligt, bei den statistisch selteneren Gewalttaten treten junge Mädchen deutlich weniger häufig als Jungen in Erscheinung. An allen Gewalttaten sind Mädchen etwa mit zwölf Prozent beteiligt, je schwerer die Taten sind, umso mehr sinkt ihr Anteil.[7] Tatverdächtigenbelastungsziffern (Tatverdächtige bezogen auf 100 000 der Wohnbevölkerung der jeweiligen Altersgruppe) verdeutlichen die überproportionale Beteiligung: Während Erwachsene bei allen Straftaten im Jahr 2004 eine Tatverdächtigenbelastung von 2196 aufweisen, kommen Jugendliche und Heranwachsende auf 7094 beziehungsweise 7921.[8]

Gewaltkriminalität wird in der Regel von männlichen Tatverdächtigen begangen. Die Kategorie Gewaltkriminalität in der PKS vereint verschiedene Delikte wie Mord und Totschlag, Körperverletzungen verschiedener Schwere, Raub, sexuelle Gewaltdelikte, erpresserischen Menschenraub und Geiselnahme. Fast zwei Drittel entfielen auf gefährliche und schwere Körperverletzungen. Der Anteil jugendlicher Tatverdächtiger ist bei Raub am höchsten (2004: 36,6 Prozent), auch der Anteil Nichtdeutscher ist hoch (34,8 Prozent).

In einer Sonderauswertung der Polizeilichen Kriminalstatistik 2001 der Bundesländer Baden-Württemberg, Niedersachsen und Sachsen, die den Tatort Schule erfassen, konnten 13 150, 8659 beziehungsweise 5987 Fälle in Schulen und Schulhöfen erfasst werden.[9] Je nach Deliktsart ist die Aufklärungsquote unterschiedlich hoch: In Niedersachsen wird ein Drittel der Fälle aufgeklärt, in Sachsen wurden fast alle Körperverletzungen, aber nur ein Viertel der Sachbeschädigungen erfolgreich ermittelt. In der Tendenz in allen drei Bundesländern ähnlich, werden fast zur Hälfte Diebstahlsdelikte begangen, zu einem Viertel Sachbeschädigungen und zu etwa zehn Prozent Körperverletzungen. Schwere Körperverletzungen und Raub sind selten.[10]

Will man Näheres über Gewalt an Schulen erfahren, muss man deshalb aufwändige Studien durchführen, meistens anonyme Schüler- und Lehrerbefragungen. Auch danach sind schwere Straftaten wie Tötungen, versuchte Tötungen, schwere Körperverletzungen mit gravierenden Verletzungen, die Verwendung von Waffen, Erpressungen und Bandenaktivitäten kaum vorkommende Ereignisse. Bei Bedrohungen, Beleidigungen, Bullying (wiederholte Gewalthandlungen gegen dasselbe Opfer, dazu unten) und einfachen Körperverletzungen sieht das jedoch anders aus. Über 50 Prozent der Schüler in Hessen und Sachsen berichten, mehrmals in der Woche oder sogar täglich verbal attackiert worden zu sein.

In allen Studien finden sich Geschlechterunterschiede: Jungen sind vermehrt Täter körperlicher Gewalttaten, Mädchen attackieren verbal und grenzen aus. Mit sechzehn Jahren lässt die Häufigkeit der Vorfälle nach. Hauptschulen sind durchgängig stärker betroffen als Gymnasien. Interessant ist auch das Ergebnis bereits früher Studien aus den siebziger und achtziger Jahren, welches besagt, dass das Schulklima aggressives Verhalten beeinflusst: In «guten» Schulen sind Aggressionen gegen Lehrer und Mitschüler ebenso selten wie Vandalismus, in «schlechten» Schulen ist es umgekehrt. Gute Schulen werden als solche charakterisiert, in denen Lehrer sich den Problemen ihrer Schüler zuwenden, ein reichhaltiges Schulleben stattfindet, die Lehrer untereinander gut kooperieren und die Schulleitung einen integrativen Führungsstil realisiert.[11]

Das Kriminologische Forschungsinstitut Niedersachsen (KFN) führte wiederholt repräsentative Schülerbefragungen in mehreren Städten und Landkreisen durch.[12] 2005 wurden Schüler der vierten und neunten Jahrgangsstufe in elf Städten befragt. Die Schülerbefragung der vierten Klasse in acht Städten und Landkreisen mit 5529 befragten Schülern ergab folgende Opferraten: 21,5 Prozent der Kinder gaben im Durchschnitt an, in den letzten vier Wochen geschlagen oder getreten worden zu sein, 2,9 Prozent wurden erpresst, und bei 7,8 Prozent wurde Eigentum zerstört. Gehänselt wurden 33,5 Prozent, zählt man hier wegen der weniger schwerwiegenden Erfahrungen nur diejenigen Kinder, die mehr als zweimal gehänselt wurden, waren 29 Prozent betroffen. Die Betroffenheit schwankte je nach Ort. So gaben in Wallenhorst 17,8 Prozent der Kinder an, geschlagen worden zu sein, in Dortmund 28,5 Prozent. Jungen wurden bei allen Handlungen häufiger Opfer: 25,3 Prozent der Jungen wurden geschlagen gegenüber 17,6 Prozent der Mädchen (Hänseln 35,9 Prozent zu 31,1 Prozent; Eigentum zerstört 8,8 Prozent zu 6,8 Prozent; erpresst 3,6 Prozent zu 2,2 Prozent). Rund 20 Prozent der Schülerinnen und Schüler der neunten Klasse wurden 2004 Opfer einer Gewalttat (Raub, Erpressung, Körperverletzung, sexuelle Gewalt). Die höchste Opferrate war in Dortmund (21,9 Prozent), die niedrigste in Oldenburg (16,5 Prozent) zu verzeichnen. Mindestens 19,2 Prozent der Schüler haben im Jahr 2004 in Dortmund eine Gewalttat begangen, mindestens 13,5 Prozent in Oldenburg. Erwartungsgemäß seltener waren Intensivtäter (fünf und mehr Gewalttaten pro Jahr) mit 4,8 Prozent in München und 2,3 Prozent in Oldenburg.

Über die Jahre zusammenfassend werden als ursächlich für die Jugendgewalt einige zentrale Ergebnisse vom KFN formuliert: Gewalt steht im Zusammenhang mit gewaltlegitimierenden Männlichkeitsnormen, also der Auffassung, dass sich Jungen beziehungsweise Männer mit Gewalt durchsetzen dürfen, sowie der erfahrenen elterlichen Gewalt. Migranten (vor allem türkische männliche Jugendliche) sind sowohl bei einzelnen Gewalttaten wie Mehrfachtaten überrepräsentiert. Ein Großteil der gewalttätigen Auseinandersetzungen findet zwischen männlichen Jugendlichen unterschiedlicher ethnischer Herkunft statt. Eine große Rolle spielen sozialstrukturelle Probleme.

Von der Universität Bochum wurden 2003/04 über 4000 Schülerinnen und Schüler aus vierzig Schulen verschiedener Schultypen in Bochum und Herne nach ihren Gewalterfahrungen im letzten Jahr befragt. 66 Prozent wurden ernsthaft beschimpft oder beleidigt, 60 Prozent der Jungen und 27 Prozent der Mädchen wurden Opfer von Rangeleien, 20 Prozent der Jungen und acht Prozent der Mädchen Opfer einer Schlägerei, und jeweils acht Prozent der Jungen wurden Opfer ernsthafter Körperverletzungen (Mädchen fünf Prozent) oder wurden mit einer Waffe bedroht beziehungsweise verletzt (Mädchen vier Prozent). Zehn Prozent wurden gezwungen, etwas zu tun, was sie nicht wollten (Nötigung), zwölf Prozent der Jungen und sechs Prozent der Mädchen wurden beraubt (Wegnahme unter Androhung oder Anwendung von Gewalt), Mädchen werden sowohl verbal (41 Prozent) wie tätlich (23 Prozent) häufiger sexuell belästigt als Jungen (13 Prozent beziehungsweise fünf Prozent). Eine erhebliche Zahl von Schülern gab an, Gewalttaten begangen zu haben – und zwar deutlich mehr Jungen als Mädchen (etwa Schlägerei angefangen «zum Spaß»: 60 Prozent zu 31,1 Prozent, Körperverletzung mit ärztlicher Behandlung: 19 Prozent zu acht Prozent, Raub: zwölf Prozent zu fünf Prozent).[13]

Das Interventionsprogramm nach Dan Olweus

Die skandinavischen Länder haben wichtige Beiträge zur Erforschung der Gewaltproblematik geleistet. Das wohl mit Abstand am positivsten beurteilte Interventionsprogramm, das Anti-Bullying-Konzept des Norwegers Dan Olweus, soll in den Mittelpunkt des Buches gestellt werden. Uns geht es darum, die *Prinzipien* dieses Programms deutlich zu machen (in einer großflächigen Umsetzung in Nordrhein-Westfalen spricht man von einer *Strategie*). Es handelt sich hierbei also nicht um ein Projekt, dessen einzelne Schritte exakt umgesetzt werden müssen, sondern um ein prinzipielles Verständnis von Lernen und Schule und vom friedlichen Zusammenleben nach bestimmten Regeln. Daraus wird bereits deutlich, dass man dieses Programm nicht für eine bestimmte Zeit betreiben kann, um dann für längere Phasen von den Erfolgen rückläufiger Gewalt zehren zu können. Dieses Programm muss und kann dauerhaft gelebt werden, um das Zusammenleben positiver zu gestalten und die in jeder Schule auftretenden Konflikte konstruktiver lösen zu können. In Teil III wird übrigens ausführlich auf eine Umsetzung in die Praxis mit vielen Anleitungshinweisen eingegangen.

Die Arbeitsweise in dem Freiburger Institut für Konfliktkultur berücksichtigt schon alle Prinzipien des Olweus-Ansatzes. Inzwischen wird er in vielen Ländern angewendet, wie der Überblick dann in Teil II zeigt.

Neben dem Olweus-Programm existiert eine Vielzahl von Projekten, Gewalt und Aggressionen an Schulen entgegenzuwirken. Die Nachhaltigkeit soll diesen Möglichkeiten nicht abgesprochen werden. Nur haben wir in den meisten Fällen keine wissenschaftliche Überprüfung der Wirkung der Bemühungen, in vielen Fällen wird nicht einmal nach einem konkreten Konzept gearbeitet, dessen grundsätzliches Ergebnis evaluiert wurde. Mittlerweile sind auch Programme wie etwa «Faustlos» bekannt geworden, die ebenfalls als effektiv gelten können.[14] Ansätze wie diese enthalten zum Teil Beschränkungen auf eine bestimmte Altersgruppe oder erfordern einen gewissen Aufwand an externer Beratung und Schulung. Die hier hervorgehobenen Prinzipien des Olweus-Programms wollen keine künstliche Konkurrenz aufbauen. Wir sind aber der Ansicht, dass in diesem Grundsätze beschrieben werden, die übergeordnete Bedeutung haben und in ihrer Kombination der Maßnahmen auf verschiedenen Wirkungsebenen gerade den Erfolg der Gewaltreduktion bedingen.[15]

Nachfolgend soll erklärt werden, was unter dem Problem des Bullying in der Schule zu verstehen ist, wie das Olweus-Interventionsprogramm funktioniert und welche Effekte es hat. Der Schwerpunkt liegt dabei auf der kriminologischen Analyse und Bewertung des Ansatzes unter besonderer Berücksichtigung von Evaluationsstudien sowie der theoretischen und kriminologischen Einordnung und Beurteilung der Wirksamkeit.

Was ist Bullying?

Dan Olweus definiert den zentralen Begriff des «Bullying» wie folgt: «A student is being bullied or victimized, when he or she is exposed, repeatedly and over time, to negative actions on the part of one or more other students.»[16] Die gemeinte Verhaltensweise liegt also vor, wenn ein Schüler[17] wiederholt und über längere Zeit hinweg den negativen Handlungen eines oder mehrerer Schüler ausgesetzt ist.

Noch nicht völlig geklärt ist, wie dieser Begriff ins Deutsche zu übertragen ist. Einerseits wird mit Hinweis auf die in der deutschen Grammatik ungebräuchliche Endung «–y» des englischen Verbs *to bully* eine Übernahme dieses Begriffs abgelehnt. Stattdessen wird das eingedeutschte Verb «mobben» verwendet, das, abgeleitet vom englischen beziehungsweise skandinavischen Wort *mobbing*, Gewalt und Belästigung am Arbeitsplatz bedeutet. Beschränkt auf die Arbeitswelt Erwachsener, hat dieser Begriff schon länger Eingang in die deutsche Sprache gefunden. Nun das Verb «mobben» auch auf die Welt der Schule auszuweiten, wird damit begründet, dass die Schule der «Arbeitsplatz» der Schüler sei, zudem stehe dieses Wort dem singularen Gebrauch, also der Gewaltausübung eines Einzelnen, nicht mehr entgegen.[18] Dementsprechend wird auch für den Täter, im englischen *bully* genannt, der Begriff «Gewalttäter» verwendet.[19]

Andererseits wird in deutschsprachigen Publikationen sowohl der Täterbegriff in Form von «Bully» als auch die Tätigkeitsbeschreibung, das «Bullying», übernommen. Dies hat den Vorteil, dass die mit diesem englischen Wort verbundene eindeutige Denotation[20] erhalten bleibt und somit klar wird, dass es sich um ein Problem zwischen Kindern beziehungsweise Jugendlichen auf Schulebene handelt.[21] Deshalb werden auch hier hauptsächlich diese Begriffe verwendet. Der Vollständigkeit halber sollte hinzugefügt werden, dass Olweus neben dem Bullying ebenso die Begriffe *Peer-Abuse*, *victimization* und *Bully/victim problem* als Synonyme gebraucht, deren Übertragung ins Deutsche jedoch ebenfalls schwer fällt.

Zu klären ist weiterhin, was unter den erwähnten «negativen Handlungen», denen das Opfer beim Bullying ausgesetzt ist, zu verstehen ist. Olweus fasst unter diesen Begriff alle Verhaltensweisen, in denen jemand absichtlich einem anderen Schmerz, Verletzung oder Unannehmlichkeiten zufügt oder dieses versucht.[22] Er unterscheidet zwischen «direktem Bullying» mit offenen Angriffen gegen das Opfer und «indirektem Bullying», worunter alle weniger offenen Verhaltensweisen fallen, wie etwa die beabsichtigte soziale Isolation des Opfers durch Ausschluss aus der Gruppe oder das Verbreiten von Gerüchten.[23]

Für die Definition von Bullying ist zudem das Vorliegen eines asymmetrischen Kräfteverhältnisses von großer Bedeutung. Dieses ist immer dann gegeben, wenn der Schüler, der den negativen Handlungen ausgesetzt ist, Mühe hat, sich selbst zu verteidigen und deshalb in irgendeiner Weise gegenüber dem Angreifer hilflos ist. Dabei kann es sich um ein tatsächliches oder auch nur um ein vom Opfer subjektiv so empfundenes Ungleichgewicht der Kräfte handeln. Es kommt zustande durch physische Überlegenheit des Täters, durch einen Angriff mehrerer gegen ein Opfer oder durch eine nur schwer zu identifizierende Quelle des Angriffs etwa bei der Verbreitung von Gerüchten oder dem Ausschluss aus einer Gruppe.[24]

Dieses asymmetrische Kräfteverhältnis als entscheidendes Merkmal des Bullying muss besonders betont werden. Es dient zugleich zur Abgrenzung von alltäglichen und im Rahmen der sozialen Interaktion von Gleichaltrigengruppen normalen Hänseleien und Rangeleien, die zwischen zwei Schülern von ähnlicher körperlicher und geistiger Stärke ausgetragen werden. Die Grenze von freundlich-spielerischen Foppereien zum Drangsalieren ist dann überschritten, wenn die wiederholten Sticheleien abwertenden und offensiven Charakter haben und insbesondere dann fortgesetzt werden, wenn es auf Seiten des Opfers Zeichen von Überforderung oder Gegenwehr gibt.[25]

Wenngleich die Grenze verschwommen sein und zudem von der eingenommenen Perspektive des Opfers oder Täters abhängen kann, kann man Bullying-Verhalten anhand der drei folgenden Kriterien identifizieren:

1) Aggressives Verhalten oder beabsichtigtes «Unrechttun»,
2) das wiederholt und über längere Zeit hinweg ausgeführt wird und
3) durch ein Ungleichgewicht der Kräfte in einer interpersonalen Beziehung gekennzeichnet ist.[26]

Merkmale des typischen Gewaltopfers

Olweus hat aus einer Vielzahl von Forschungsarbeiten ein recht klares Bild des typischen Gewaltopfers und -täters entwickelt. Wie bei jeder typisierenden Zusammenfassung handelt es sich um eine Abstrahierung der gefundenen Merkmale, Täter oder Opfer werden also typischerweise, aber nicht zwingend die zu nennenden Merkmale aufweisen.

Nach dem norwegischen Psychologen lässt sich ein passiver oder ergebener Opfertyp von dem seltener vorkommenden provozierenden Opfer unterscheiden.[27] Bei dem provozierenden Opfertyp handelt sich nur um eine kleine Gruppe von Schülern, die sich durch eine Kombination von sowohl ängstlichen als auch aggressiven Reaktionsmustern auszeichnet.[28] Diese Schüler haben häufig Konzentrationsprobleme, sind teilweise als hyperaktiv zu bezeichnen und verhalten sich auf eine Weise, die in ihrer Umgebung Ärger und Spannung verursachen kann und dadurch negative Reaktionen der Klassenkameraden provoziert.[29] Diese Gruppe von Opfern löst eine Dynamik aus, die sich von der der klassischen Täter-Opfer-Problematik mit dem ergebenen, passiven Opfertyp unterscheidet.

Der passive oder ergebene Opfertyp hingegen, der die weitaus größte Gruppe der Leidtragenden charakterisiert, ist zumeist ängstlicher und unsicherer, als es Schüler im Allgemeinen sind. Diese Betroffenen sind oft vorsichtig, empfindsam und still. Auf Angriffe reagieren sie meistens mit Rückzug und in den unteren Klassen mit Weinen.[30] Die typischen Opfer leiden zumeist unter mangelndem Selbstwertgefühl und haben allgemein eine negative Einschätzung von sich selbst und ihrer Situation.[31] Sie betrachten sich häufig als Versager und empfinden sich als dumm, wenig attraktiv, schämen sich. Es fehlt ihnen an Freunden, in der Klasse werden sie bei einem Angriff nicht unterstützt. Vertiefende Studien zeigten bei Jungen in dieser Opferposition häufig körperliche Schwäche, starke Empfindsamkeit und die Ablehnung von Gewalt. Möglicherweise führen diese Merkmale bereits zu geringerer Anerkennung in der Gruppe gleichaltriger Jungen und lässt sie als geeignete Opfer erscheinen, die sich nicht wehren werden. Wiederholte Attacken durch andere Schüler vermitteln den Betroffenen Furcht, Unsicherheit und verstärken das allgemein negative Selbstbild. Die Studien zeigten auch Folgen bis in das Erwachsenenalter hinein – was besonders fatal ist. So waren Depressionen und ein schwächeres Selbstwertgefühl ausgeprägter als bei anderen Männern und Frauen. Als Mythos hat sich dagegen die Annahme herausgestellt, man werde aufgrund bestimmter äußerlicher Merkmale zum bevorzugten Opfer. Weder das Tragen einer Brille, Fettleibigkeit, rote Haare, ein ungewöhnlicher Dialekt noch andere als unattraktiv eingestufte äußere Merkmale hatten Einfluss auf die typische Opfersituation.[32]

Merkmale des typischen Gewalttäters

Jungen sind häufiger körperlich gewalttätig als Mädchen, Mädchen betreiben öfter verstecktere, subtile Formen der verbalen Provokation. Typische Gewalttäter fallen durch Aggressivität gegenüber Gleichaltrigen auf, aber auch gegenüber Erwachsenen, einschließlich Eltern und Lehrer. Sie haben eine positive Einstellung zu Gewalt allgemein wie auch zur Anwendung von Gewalt, meist sind sie körperlich stärker als gleichaltrige Schulkinder. Zudem zeichnen sie sich oft durch Impulsivität und ein erhöhtes Machtbedürfnis aus.[33] In gravierenden Fällen sehen sie in Gewalt eine «normale» Form der Kommunikation im Umgang mit anderen. Gleichzeitig haben sie wenig Mitgefühl mit Opfern von Gewalttätigkeiten.[34] Die Täter haben aber auch ein starkes Bedürfnis nach Stärke, Dominanz und Macht. Häufig ist eine feindselige Einstellung gegenüber ihrer Umgebung vorhanden, was mit Gewalterfahrungen in der Familie begründet wird. Durch die Studien ziehen sich Fallschilderungen, in denen die Täter ihre Opfer nicht nur körperlich angreifen und verletzen, sondern sie zwingen, demütigende Handlungen zu begehen und ihnen Geld und Wertsachen zu besorgen. Damit drückt sich Kontrolle der Täter über ihre Opfer aus und verschafft ihnen Befriedigung:

Zwei Jahre lang war Johnny, ein stiller dreizehnjähriger Junge, ein menschliches Spielzeug für einige seiner Klassenkameraden. Die Teenager setzten Johnny zu, um an sein Geld zu kommen, sie zwangen ihn, Unkraut zu schlucken und mit Waschmittel vermengte Milch zu trinken, sie verprügelten ihn in der Toilette und führten ihn mit einem Strick um den Hals wie ein Tier an der Leine herum.[35]

Ein siebzehn Jahre alter Berufsschüler ist von vier Mitschülern über Monate hinweg misshandelt worden. Sie verprügelten ihn und filmten ihr nacktes Opfer. Videoaufnahmen des Opfers wurden bereits im Internet veröffentlicht.[36]

Drei fünfzehn Jahre alte Schüler haben einen Vierzehnjährigen wochenlang geschlagen, gehänselt und dabei gefilmt. Sie zogen ihn in die Schultoilette und steckten seinen Kopf in eine Kloschüssel. Die Szenen nahmen sie mit einer Digitalkamera auf und übertrugen die Fotos auf eine CD, um sie ins Internet zu stellen.[37]

Drei vierzehn und fünfzehn Jahre alte Schüler haben einen Vierzehnjährigen zum Wodkatrinken gezwungen, ihn mit Hakenkreuz und Judenstern bemalt, zu Boden getreten und sexuell misshandelt. Die Misshandlungen wurden auf Video aufgenommen.[38]

Eine neue Spielart eines alten Musters, Opfer zu demütigen, findet sich in den neu auftauchenden Videosequenzen, die die Misshandlung des Opfers mittels einer Handy-Kamera aufzeichnen und sie so reproduzierbar machen. In einem Urteil des Verwaltungsgerichts Berlin aus dem Jahr 2005[39] wurde die Klage eines sechzehnjährigen Schülers gegen einen zehntägigen Schulausschluss zurückgewiesen. Der Rektor hatte den Schüler mit dieser Strafe belegt, weil dieser einen anderen grundlos geschlagen hatte. Das Gericht stellte fest, alle Indizien sprächen für das Motiv, dass diese Gewalttat vorsätzlich begangen wurde, um sie in Filmsequenzen festzuhalten und diese dadurch zugefügte Erniedrigung durch einen Mittäter filmisch auszuschlachten. Bliebe ein derartiges Fehlverhalten ohne massive Strafe, würde die Schule ihre Glaubwürdigkeit und Fähigkeit zur Durchsetzung ihrer Erziehungsziele verlieren.

Diese aggressiven Verhaltensweisen legen bereits späteres abweichendes Verhalten wie Alkohol- oder Drogenkonsum und sich verfestigende Kriminalität nahe (dazu unten). Der typische Täter zeigt ein Risikoverhalten, das sich generell weniger an legalen Regeln und Normen orientiert und Rechte anderer missachtet.[40]

Die These, Täter mit einem aggressiven Verhaltensmuster seien «unter der Oberfläche» eher ängstlich und unsicher, wurde in den Untersuchungen von Olweus nicht bestätigt, im Gegenteil.[41] Neben der Gruppe der aktiven Täter gibt es Schüler, die bei Gewalttätigkeiten mitmachen, selbst jedoch nicht die Initiative ergreifen. Sie können als passive Gewalttäter bezeichnet werden, sind jedoch besser mit dem Begriff «Mitläufer» zu kennzeichnen. Hier fragt sich, warum andere Schüler nicht spontan dem Opfer zu Hilfe eilen, sondern sich sogar auf die Seite der Täter stellen. Die Studienergebnisse zeigen interessanterweise eine höhere Beliebtheit der Gewalttäter gegenüber den Gewaltopfern, auch wenn die Gewalttäter grundsätzlich nur durchschnittlich oder unterdurchschnittlich beliebt sind. Schüler unterstützen also lieber den vermeintlich erfolgreichen Täter, als das Risiko einzugehen, mit dem Opfer auf der Verliererseite zu stehen. Das gilt jedenfalls so lange, wie Erwachsene und die Mehrheit sich dem Opfer gegenüber passiv verhalten und das aggressive Verhalten des Täters dulden oder wegsehen.

Nach einer repräsentativen Studie der Forschungsgruppe Schulevaluation der TU Dresden, die Gewalt in der Schule in Sachsen und Hessen untersuchte, wurden drei Tätergruppen gefunden: 26 Prozent aller Schüler sind gelegentliche Täter, acht Prozent sind als Intensivtäter zu bezeichnen, und drei Prozent gehören zur Kategorie der Opfer-Täter.[42] Hochgerechnet auf das gesamte Bundesgebiet, zählen allein in der Gruppe der Zwölf- bis Siebzehnjährigen etwa 40 000 Schüler zur Gruppe der typischen Täter und etwa 450 000 Schüler zur Gruppe der Opfer.[43] Die Intensivtäter stellen hier wie auch in allen anderen Lebensbereichen, wie zum Beispiel der Jugendstrafrechtspflege das fatale «5-Prozent-Problem».[44] Damit ist gemeint, dass etwa fünf Prozent der Schüler jedes Jahrgangs auf Dauer gewalttätiges und kriminelles Verhalten zeigen. Diese relativ kleine Gruppe ist nach internationalen Befunden für mehr als die Hälfte der schweren und mittelschweren Kriminalität des gesamten Jahrgangs verantwortlich. Diese Intensivtäter weisen in der Regel eine erhebliche Kumulation von Risikofaktoren in ihrer Sozialisation auf und verfügen über geringere sozial positive Ressourcen.

Gesellschaftliche Relevanz des Problems

Unter nicht wenigen Erwachsenen erfreut sich die bequeme Ansicht einiger Popularität, bei den genannten Verhaltensweisen handele es sich um nicht mehr als typische Jugendphänomene, die von selbst verschwänden. Vielleicht wird noch auf die eigenen negativen Schulerfahrungen verwiesen und die Situation bagatellisiert. Es handelt sich jedoch um eine Problematik mit gewaltigen gesellschaftlichen Auswirkungen. Die Befunde zu den Opfern zeigen die Dimension und teilweise unverständliche Dauer von Opferleid mit fatalen psychischen Folgen für die Entwicklung. Olweus hat mehrfach zu Recht betont, es sei ein fundamental demokratisches Recht jedes Kindes, sich in der Schule frei und sicher vor Unterdrückung und wiederholter absichtlicher Erniedrigung und Gewaltanwendung fühlen zu können. Kein Schüler soll Angst haben müssen, in der Schule drangsaliert zu werden, und Eltern sollten sich keine Sorgen machen müssen, ob ihrem Kind in der Schule Gewalt widerfährt.

Die Erkenntnisse über Risikoverläufe bei den Tätern zeigen weiter bei einer hohen Zahl von ihnen eine erhebliche Verstärkung der Probleme hin zu verfestigter Gewalttätigkeit und Kriminalität im Erwachsenenalter. Daraus folgt die Pflicht, Präventionsanstrengungen in der Schule zu verbessern und vorrangig wirksam gegen solche negativen Spiralwirkungen vorzugehen. Man sollte auch die Lehrer nicht vergessen: Wird der Beruf zur krank machenden Plage, weil allein die Vorstellung, den Arbeitsplatz Schule aufzusuchen, Schweißausbrüche auslöst, läuft etwas falsch. Wenn die internationalen Vergleiche einen sehr hohen Anteil deutscher Lehrer ausweisen, die vorzeitig als berufsunfähig aus dem Dienst ausscheiden, sind neben strukturellen Problemen auch die anstrengenden Aufgaben der adäquaten Bildungsvermittlung zu bedenken. Die Pädagogikausbildung müsste frühzeitig Handreichungen und Praktika vermitteln, in denen ein angehender Lehrer lernt, mit Konflikten unter Schülern, Aggressionen und unangemessenen Verhaltensweisen umzugehen. Die negativen Wirkungen des Bullying für die schulische Sozialisation sind jedenfalls offenkundig, wie sich bei der folgenden empirischen Betrachtung zeigt.[45]

Ausmaß des Bullying

In den von Olweus durchgeführten Untersuchungen von 1985 bis 1994 wurden 130 000 norwegische Schulkinder an über 700 Schulen im Alter von sieben bis sechzehn Jahren mit einem Täter-Opfer-Fragebogen interviewt. Auf Basis dieser Untersuchung wurde geschätzt, dass knapp 15 Prozent der norwegischen Schülerschaft an Grund- und weiterführenden Schulen (ca. 568 000 Schüler im Jahrgang 1983/84, Alter sieben bis sechzehn Jahre), also 84 000 Schülerinnen und Schüler, mit einiger Regelmäßigkeit an solchen Problemen beteiligt waren. Etwa neun Prozent der Schülerinnen und Schüler (ca. 52 000) waren Opfer, und über sieben Prozent (oder 41 000 Schülerinnen und Schüler) waren Täter. Es fiel auf, dass etwa 9000 Schüler (1,6 Prozent der Gesamtheit, 17 Prozent der Opfer) sowohl Täter als auch Opfer waren.[46]

Weiterhin wurde von Olweus herausgefunden: Mehr Jungen als Mädchen übten Gewalt aus, die Mädchen wählten hingegen eher die subtile Form indirekter Angriffe, die freilich weniger gravierend ist als die physische Gewalt.[47] Gewalt spielte sich am häufigsten zwischen Kindern der gleichen Jahrgangsstufe ab, erfolgte aber auch zu einem großen Teil von Älteren an Jüngeren.[48]

Alarmierend war die Erkenntnis, dass insgesamt fünf Prozent der Kinder als Gewalttäter oder Opfer beziehungsweise als Täter und Opfer einmal wöchentlich oder noch häufiger sogar in schwerwiegendere Gewaltprobleme verwickelt waren.[49]

Ähnliche Zahlen ergaben sich auch bei einer Untersuchung in Deutschland, die 1993 in Schleswig-Holstein an siebenundvierzig Schulen durchgeführt wurde.[50] In einer ersten Analyse, in der Bullying, hier als Mobbing verstanden, «weich» definiert wurde («Mobbing ist gelegentlich bis mehrmals in der Woche vorgekommen»), gaben 11,6 Prozent der befragten Schülerinnen und Schüler an, Opfer indirekten Mobbings ohne direkte

Angriffe geworden zu sein. Als direkte Gewaltopfer bezeichneten sich 21,1 Prozent der Schülerinnen und Schüler. Auf der Täterseite gaben 22,6 Prozent der Befragten an, am Mobben ihrer Mitschülerinnen und Mitschüler beteiligt gewesen zu sein. Wenn Mobbing «hart» definiert wurde («Mobbing ist einmal bis mehrmals die Woche vorgekommen»), gaben fünf Prozent aller Schülerinnen und Schüler an, Opfer indirekten Mobbings, und 9,2 Prozent, Opfer direkten Mobbings geworden zu sein. Hier räumten 9,1 Prozent der Schülerinnen und Schüler ein, als Täter am Mobbing beteiligt gewesen zu sein.

Übereinstimmend sind nach beiden Analyseformen beim indirekten Mobbing Jungen wie Mädchen gleichermaßen betroffen, beim direkten Mobbing überwiegen auf der Opferseite die Jungen. Diese sind auch mehr als doppelt so oft Täter. Mobbing korreliert auch erheblich mit dem Lebensalter, da mit ansteigender Klassenstufe die Zahlen betroffener Opfer sanken. Auf der Täterseite waren insbesondere Schüler der Mittelstufe (Klassen 7 bis 10) aktiv.

Das KFN fand in einer Schülerbefragung der vierten Jahrgangsstufe im Jahr 2005 1,7 Prozent Bully-Täter, die überwiegend männlich und zu 46 Prozent nichtdeutscher Herkunft waren. Sie sind älter, haben mehr Geschwister und kommen häufiger aus benachteiligten Familien. Wie die Bully-Opfer (insgesamt zwölf Prozent) haben sie öfter innerfamiliäre Gewalt erlebt, ihre Schulleistungen sind gegenüber den anderen Schulkameraden am schlechtesten.

In einer landesweiten, repräsentativen und anonymen Umfrage an siebenunddreißig Schulen Mecklenburg-Vorpommerns wurden Lehrkräfte und Schüler befragt.[51] Dabei gaben 26 Prozent der Schüler an, in der Schule oder auf dem Schulweg von Mitschülern tätlich angegriffen, bedroht oder beraubt worden zu sein. Gesamt- und Hauptschulen waren von dem Problem weit häufiger betroffen als Realschulen und Gymnasien.

Die Psychologen Friedrich Lösel und Thomas Bliesener haben 2003 eine Studie zu Aggression und Delinquenz unter Jugendlichen mit dem Schwerpunkt auf Bullying an Schulen vorgelegt,[52] die diese Ergebnisse bestätigt: Geschlechtsunterschiede beim Auftreten der Aggressionsdelikte, eine größere Angst der Mädchen, obwohl diese objektiv weniger betroffen waren als Jungen, typische Alterskurven bei der Häufigkeit aggressiver Vorfälle und deutlich höheres Auftreten von besonderer Aggressivität und Gewalt bei den nichtdeutschen Jugendlichen. Die meisten Jugendlichen berichten laut dieser Untersuchung auch von leichteren und verbalen Formen von Aggression gegen Mitschüler, was auf der einen Seite, so Lösel und Bliesener, nicht überbewertet werden dürfe, weil es einen allgemeinen gesellschaftlichen Trend zur Benutzung aggressiver Rede und Fäkalsprache anzeige und somit nicht einseitig der Schule als Problem angelastet werden dürfe. Auf der anderen Seite zeige bereits der negative Umgangston eine Verrohung und ein Klima an, das gerade die Schulsituation erheblich belaste. Denn die Jugendlichen billigen durch die verbalen Ausfälle nicht nur mehr Gewalt, sie zeigen sie auch deutlich in physischer Weise gegenüber den Mitschülern: Dort war vor allem die Prävalenz bei den Jungen sehr hoch. 66 Prozent der Jungen berichteten, in den letzten sechs Monaten einen Mitschüler mindestens einmal geschlagen oder getreten zu haben. Etwa 48 Prozent wurden Opfer physischer Aggressionen, sieben Prozent wurden im letzten Halbjahr mit einer Waffe bedroht, und ebenso viele drohten mit einer Waffe. Die Gewaltprävalenz, die über den schulischen Bereich hinausgeht, ist erheblich: Etwa 42 Prozent berichteten, einen anderen Menschen bei einer Schlägerei verletzt zu haben, über 13 Prozent gaben zu, ein Raub- oder Erpressungsdelikt begangen zu haben, und acht Prozent bedrohten jemanden mit einem Messer oder einer Pistole. Dabei zeigte sich die typische Konzentration auf Intensivtäter. Der Anteil der Jungen, die regelmäßig gegenüber anderen Gewalt anwendeten, lag unter vier Prozent. Etwa vier Prozent der Jungen schlugen und traten ihre Mitschüler öfter als einmal die Woche, weniger als ein Prozent drohten häufig mit einer Waffe, etwa zwei Prozent berichteten von zehn Körperverletzungen und mehr im letzten Jahr und etwa ein Prozent von mindestens zehn Raubdelikten sowie Bedrohungen mit Waffen.[53]

Die Bullying-Problematik zeigt sich nach diesen Studien als eine globale Erscheinung, die auch an deutschen Schulen in erheblichem Umfang existiert. Forschungen in anderen Ländern, die zum Teil mit dem Fragebogen von Olweus durchgeführt wurden, haben stets ähnliche Zahlen ergeben.[54]

Es ist zudem zu vermuten, dass – wie bei jeder Fragebogenstudie – die tatsächlichen Zahlen noch höher liegen als die hier genannten, weil ein Teil der erfragten Bullying-Vorkommnisse schlicht vergessen oder bewusst verschwiegen wird. Bullying stellt zahlenmäßig ein zentrales soziales Problem der Schulen dar und verdient hinsichtlich des Erziehungsauftrags und der Lebensqualität an Schulen große Beachtung.

Interessant und wichtig sind die Ergebnisse zum Folgeverhalten der Opfer. So gaben nur 31,3 Prozent der Betroffenen an, sie hätten sich einem Lehrer oder einer Lehrerin mitgeteilt; mit ihren Eltern sprachen 51,6 Prozent der Opfer. Nur 14,4 Prozent aller Schülerinnen und Schüler vermerkten ein häufiges oder regelmäßiges Einschreiten der Lehrer(innen) gegen das aggressive Verhalten. Ebenfalls selten war das Einschreiten von Mitschülern: Nur zehn Prozent versuchten, das unangemessene Verhalten zu unterbinden und dem Opfer beizustehen.[55]

Negative Wirkung des Bullying auf die Opfer

Olweus geht davon aus, dass durch wiederholte Gewalttätigkeiten die ohnehin meist vorhandene Furcht, Unsicherheit und negative Selbsteinschätzung der Opfer noch gesteigert wird.[56] Dies ist zwar keine neue Erkenntnis, denn viele Erkenntnisse der Viktimologie weisen darauf hin, dass auch für die Opferwerdung von einem Karrieremodell ausgegangen werden kann. Bezogen auf die schulische Sozialisation, ist das alarmierend. Bei dieser Betrachtung ist zunächst entscheidend, wie das Opfer selbst seine primäre Viktimisierung erlebt. Darüber hinaus ist wichtig, welche informellen oder formellen gesellschaftlichen Reaktionen (sekundäre Viktimisierung) erfolgen. Diese beiden Faktoren bedingen den Übergang zur so genannten tertiären

Viktimisierung, bei der das Opfer seine Opferrolle als solche anerkennt und annimmt.

Dieses Karrieremodell der Opferwerdung kann auf der einen Seite lerntheoretisch verstanden werden. Hiernach lernt das Opfer seine Opferrolle, weil es durch negative Erfahrungen so konditioniert wird, dem oder den Tätern künftig keine Schwierigkeiten zu machen.[57] Ein Beispiel hierfür wäre die Erfahrung, die das Opfer beim erfolglosen Versuch, sich zu wehren, erfährt: Wird es danach noch stärker drangsaliert, wird es in Zukunft die Angriffe still über sich ergehen lassen. In eine ähnliche Richtung geht die Theorie von der erlernten Hilflosigkeit, wonach Menschen dann eine passive Rolle gegenüber drohenden Gefahren erlernen, wenn sie mehrfach die Zwecklosigkeit eigenen, zielgerichteten Verhaltens erleben mussten.[58]

Auf der anderen Seite wird die Annahme der Opferrolle etikettierungstheoretisch erklärt. Hier definiert sich das Opfer nach einer Abfolge von Stigmatisierungen und Degradierungen durch den Täter oder auch durch eine unangemessene gesellschaftliche Reaktion, etwa das Nichteinschreiten eines anwesenden Lehrers, selbst als Opfer. Dadurch wird die Erfahrung dieser Situation zu einer dauerhaften, das Selbstbild prägenden Eigenschaft umgedeutet, sodass sich dieses Opfer seinem neuen Selbstbild entsprechend verhält. Mithin wird es erneut zum Opfer – und die Opferkarriere verfestigt sich.[59]

Unabhängig von diesen langfristigen Folgen für die Opfer darf der erhebliche Leidensdruck für die Kinder in der akuten Bullying-Situation nicht unterschätzt werden, der im schlimmsten Falle mit der Selbsttötung des Opfers enden kann.[60]

Ein Einschreiten gegen Gewalt unter Schulkindern ist aus Opferschutzgesichtspunkten zu fordern (Schutz der Menschenwürde) sowie unter dem Aspekt einer möglichst ungestörten Persönlichkeitsentwicklung. So betont Olweus völlig zu Recht, dass die Art und Weise, wie mit diesem Problem umgegangen wird, eine gesellschaftliche Frage des friedlichen Zusammenlebens ist. Es geht zum einen darum, Menschen Grenzen zu setzen, die ihre Interessen mit Stärke und durch Unterdrückung anderer durchzusetzen versuchen. Zum anderen berührt es den fundamentalen demokratischen und sozialen Grundsatz, den Schutz des Schwächeren zu gewährleisten.[61] Die sozial schädlichen Auswirkungen von Gewalt- und Machtausübung sind im zentralen Erziehungsbetrieb des Staates – der Schule – nicht hinzunehmen. Eine «Politik der Zurückhaltung» gegenüber Gewalt fördert den fatalen Kreislauf der Gewalt[62] und lässt Schwachen keine Chance.

Zusammenhang zwischen Bullying und späterer Delinquenz der Täter

Mindestens ebenso negativ wie die Opfertraumatisierungen wirkt sich ein Schulklima der Gewalt auf die weitere Entwicklung der Täter aus und darf nicht übersehen werden: Olweus hat mit seiner Untersuchung nachgewiesen, dass die im Rahmen des Bullying ausgeübte Gewalttätigkeit als wesentliche Komponente eines allgemeinen sozial feindlichen und regelverletzenden Verhaltens angesehen werden kann.[63]

Der Zusammenhang zwischen Bullying und späterer Straffälligkeit war signifikant: Etwa 60 Prozent der Jungen, die in den Klassen 6 bis 9 als Gewalttäter charakterisiert wurden, waren bis zum Alter von 24 Jahren mindestens einmal verurteilt worden, 35 bis 40 Prozent der früheren Gewalttäter wurden sogar drei- oder mehrfach verurteilt, während dies nur auf zehn Prozent der Kontrollgruppe (Jugendliche, die weder Täter noch Opfer waren) zutraf.[64] Lösel und Bliesener weisen zudem darauf hin, Aggressionen an Schulen aufgrund dieser klaren Erkenntnis nicht isoliert zu betrachten. Wer seine Mitschüler verbal, relational und physisch attackiere, neige auch in anderen Kontexten zu Aggression und Gewalt, wie sich an einem breiten Syndrom jugendlichen Problemverhaltens zeige. Ein breites Spektrum an Dissozialität weise deutlich auf längerfristige Entwicklungsprobleme hin. In diesem Sinne seien die Bullys eine markante Risikogruppe, die sich mit erhöhter Wahrscheinlichkeit zu Intensivtätern entwickele.[65]

Diese Erkenntnis bestätigt einmal mehr, was bereits durch die großen Untersuchungen des Mehrfaktorenansatzes festgestellt wird: Es gibt einen engen Zusammenhang zwischen schulischer Auffälligkeit und späterer Delinquenz, denn viele der untersuchten Straftäter fielen bereits in ihrer Schulzeit durch Verhaltensweisen auf, die der eingangs genannten Definition des Bullying entsprechen.[66]

In Verbindung mit der Frage nach späterer Delinquenz der Bullys hat Olweus weiter gefragt, welche Art von Erziehung beziehungsweise welche anderen Faktoren in der Kindheit zur Entwicklung eines derart aggressiven Reaktionsmusters führen. Dabei hat er nach verschiedenen Untersuchungen folgende vier Faktoren als besonderes wichtig erkannt:[67]

- Zunächst entscheide die emotionale Grundeinstellung der ersten Bezugsperson, in der Regel der Mutter, gegenüber dem Kind während der frühen Kindheit. Sei diese durch fehlende Wärme und Anteilnahme charakterisiert, erhöhe sich das Risiko, dass sich das Kind später anderen gegenüber aggressiv und feindlich entwickeln wird.
- Weiter vergrößere eine dem Kind bei aggressivem Verhalten entgegengebrachte billigende Haltung die Wahrscheinlichkeit der Zunahme aggressiver Verhaltensweisen.
- Gleiches gelte für die Anwendung von machtbetonten Erziehungsmethoden wie zum Beispiel körperlicher Gewalt mit heftigen Gefühlsausbrüchen und einem unberechenbaren emotionalen Klima in der Familie.
- Außerdem sei die aggressive Entwicklung im Temperament des Kindes von Bedeutung, wobei ein aktives und «hitzköpfiges» Temperament die Wahrscheinlichkeit späterer aggressiver Reaktionsmuster erhöhe. Dieser vierte Faktor wird von Olweus für nicht so maßgeblich gehalten wie die zuvor genannten, die sich auf das Verhalten der Eltern beziehen.[68]

Diese Erkenntnisse sind mittlerweile gesichertes und globales kriminologisches Wissen, das sich interkulturell und zeitübergreifend in sämtlichen Forschungen in der Tradition des Mehrfaktorenansatzes niederschlägt. Die Vertreter des Mehrfaktorenansatzes gehen davon aus, dass Straffälligkeit durch verschiedene zusammenwirkende Belastungsfaktoren bestimmt wird. Stellvertretend seien hier kurz die grundlegenden Forschungen der Kriminologen Sheldon und Eleanor Glueck (1940 bis 1974), die *Cambridge Study in Delinquent Development* von den britischen Kriminologen Donald J. West und David P. Farrington (1969 bis 1988) sowie für den deutschen Raum die Tübinger Jungtäter-Vergleichsuntersuchung (THVU) des Kriminologen Hans Göppinger (seit 1970) mit den bis heute laufenden Folgeuntersuchungen[69] und jüngst die Studien zu Risiko- und Schutzfaktoren von Friedrich Lösel und seinen Mitarbeitern[70] genannt.

Obwohl die Untersuchungen in verschiedenen Jahrzehnten und in verschiedenen Ländern mit zum Teil erheblichen Unterschieden der Gesellschaftsstruktur durchgeführt wurden, erbrachten sie doch erstaunlich übereinstimmende Ergebnisse: So wurde hinsichtlich des Erziehungsverhaltens der Eltern in allen Studien festgestellt, dass bei den späteren Straffälligen ein inkonsequenter und wechselnder Erziehungsstil vorlag, der zumeist von Nachlässigkeit und fehlender Wärme seitens der Mutter, übermäßiger Strenge mit körperlichen Züchtigungen seitens der Väter und insgesamt geringer elterlicher Kontrolle geprägt war.[71]

Diese in der kriminologischen Vergleichs- und Verlaufsforschung als maßgeblich kriminalitätsverursachend erkannten Faktoren hat Olweus in seinen Untersuchungen empirisch einmal mehr bestätigt und – hier liegt sein besonderes Verdienst – diese konsequent als Ansatzpunkt für erfolgversprechende Prävention in der Schule genutzt.

Zusammenfassend lässt sich also ein enger Zusammenhang zwischen dem Bullying in der Schule und späterer Straffälligkeit konstatieren. Dieses Ergebnis darf nicht dazu führen, alle Bullying-Täter in der Schule bereits als spätere Straftäter anzusehen und abzuschreiben. Aus dem gezeigten Zusammenhang muss die Schlussfolgerung gezogen werden, die Täter nicht sich selbst zu überlassen, sondern durch ein Einschreiten auf Schulebene die vielleicht bereits im Entstehen befindliche kriminelle Karriere zu durchbrechen und somit zu verhindern. So erschließt sich die gesellschaftliche Relevanz des Problems Bullying in seiner ganzen Dimension, denn über die kurzfristigen Probleme in der Schulzeit sind auf Opfer- wie auch auf Täterseite die langfristigen Auswirkungen zu beachten. Wegschauen ist jedenfalls unverantwortlich – für Täter und für Opfer.

Die Wirkungen des Interventionsprogramms

Aus der Problemanalyse ergeben sich relativ stabile Täter-Opfer-Probleme, wonach Gewalttäter und -opfer über lange Zeit hinweg in der jeweiligen Rolle verbleiben, wenn keine systematischen Versuche von außen unternommen werden, um die Situation zu ändern.[72] Die Relevanz der möglichen Folgeprobleme auf Opfer- wie auf Täterseite zeigt eindringlich, weshalb ein Einschreiten gegen vorhandene beziehungsweise Prävention gegen Bullying-Tendenzen wünschenswert und erforderlich ist.[73] Im Mittelpunkt der Diskussion steht das Interventionsprogramm von Olweus, das erstmals zwischen 1983 und 1985 an 2500 Schülern in 112 Klassen an zweiundvierzig Schulen erprobt wurde.[74]

Konzept und Praxis des Programms

Olweus hat sein Interventionsprogramm um vier Schlüsselprinzipien herum aufgebaut. Konsequent mit Blick auf die Ursachenanalyse handelt es im sich im Wesentlichen um Maßnahmen, die den von ihm als Hauptursachen erkannten Mängeln im Erziehungsverhalten von Eltern und Lehrern entgegenwirken sollen.[75]

Es soll eine schulische Umgebung geschaffen werden, die auf der einen Seite von Wärme und Anteilnahme gekennzeichnet ist, auf der anderen Seite aber feste Grenzen gegenüber inakzeptablen Verhaltensweisen setzt. Kommt es zu Grenzüberschreitungen und Regelverletzungen, sollen konsequent nichtfeindliche, nichtkörperliche Strafen angewendet werden. Schließlich sollen die Eltern und Lehrer als Autorität handeln, wobei dieser Rolle des Erwachsenen nicht ein autoritäres, sondern ein autoritatives Erziehungsmodell zugrunde liegt. Es geht dabei gerade nicht um die diktatorische Forderung unbedingten Gehorsams, sondern um die Wirkung einer «echten» Autorität. Die Erwachsenen sollen ermutigt werden, die Verantwortung nicht allein für die Lernsituation der Kinder, sondern für deren Gesamtsituation einschließlich ihrer sozialen Erziehung zu übernehmen.

Aus diesen Programmprinzipien wurde eine Reihe von speziellen Anordnungen entwickelt, die sich für die direkte Anwendung eignen. Wichtig ist es, möglichst viele Ebenen zu vernetzen. Es werden verschiedene Vorgehensweisen für die individuelle Ebene, aber auch für die Arbeit in der Klasse und der gesamten Schule entwickelt und kombiniert. Die unten stehende Tabelle zeigt Maßnahmen mit zwei Pluszeichen als unabdingbaren Kernbestandteil und Maßnahmen mit einem Pluszeichen als äußerst wünschenswerte Programmbestandteile des Interventionsprogramms:[76]

(1) Allgemeine Voraussetzungen

++	Problembewusstsein und Beteiligung der Eltern

(2) Maßnahmen auf Schulebene

++	Fragebogenerhebung
++	Schulkonferenz-Tag
++	Bessere Aufsicht während der Pause und Essenszeit
+	Bildung einer Koordinationsgruppe

(3) Maßnahmen auf Klassenebene

++	Klassenregeln gegen Gewalt
++	Regelmäßige Schüler- und Klassengespräche
+	Klassengespräche

(4) Maßnahmen auf der persönlichen Ebene
- ++ Ernsthafte Gespräche mit den gewalttätigen Kindern und Opfern
- + Ernsthafte Gespräche mit den Eltern der beteiligten Schulkinder
- + Lehrkräfte und Eltern werden pädagogisch kreativ

Bereits der Einsatz des Fragebogens führt zum Nachdenken und zu intensiven Diskussionen, womit das Ziel, ein Bewusstsein für das Problem zu schaffen, erreicht wird. Natürlich gibt die anonyme Erhebung auch Aufschluss über spezifische empirische Erkenntnisse zu Häufigkeit und Art der Gewaltvorfälle an der eigenen Schule. Oftmals werden die Ergebnisse auf einem «Pädagogischen Tag» ausgewertet und der Schulkonferenz vorgestellt. Die jährliche Wiederholung sichert die ständige Aufmerksamkeit für das Thema.

Erforderlich ist eine aktive Beteiligung von Lehrern und Eltern. Die Erwachsenen sind verpflichtet, bis zu einem gewissen Grad zu kontrollieren, was unter den Kindern und Jugendlichen in der Schule vor sich geht. Eine Möglichkeit ist die Verbesserung der Aufsicht. Diese soll während des Essens und der Pause weniger quantitativ erhöht werden, vielmehr ist das konsequente Einschreiten der Lehrer in Gewaltsituationen nötig. Die Interventionen müssen konsequent und sorgfältig erfolgen, damit sich die Situation der Opfer nicht verschlechtert. Insgesamt soll auf der Schulebene die Einstellung umgesetzt werden: «Wir akzeptieren Gewalt nicht!»

Die meisten Gewaltvorfälle ereignen sich innerhalb einer Klasse, weshalb die Arbeit auf Klassenebene einen zentralen Bereich bildet. Dabei ist Kernbestandteil das Aufstellen von Klassenregeln gegen Gewalt. Damit ist es jedoch nicht getan, sondern diese Regeln müssen immer wieder mit der Klasse auf ihre Beachtung geprüft, neu diskutiert und durch Beispiele anschaulich gemacht werden. Vor allem müssen sie praktisch angewandt werden. Unabdingbar ist auch das Lob des Klassenlehrers für die Einhaltung der Regeln und die konsequente Umsetzung der vereinbarten Strafen, die in ernsthaften Gesprächen, schriftlichen Arbeiten, verstärkter Aufsicht oder «Auszeiten» bestehen können. Weiter werden auf Klassenebene das kooperative Lernen, bei dem in Gruppenarbeit positive Abhängigkeiten und soziale Kompetenzen aufgebaut werden sollen, sowie gemeinsame positive Aktivitäten empfohlen.

Klassifikation des Programms

Nach den Programmprinzipien und der Durchführung zeigt die Klassifikation ein Interventionsprogramm als *Mehr-Ebenen-Ansatz*, der im Schulumfeld Maßnahmen vorsieht, die sowohl auf die Schule als Ganzes, die Klasse und die einzelnen Schüler abzielen und auf Täter und Opfer ausgerichtet sind. Theoretisch wären auch andere Vorgehensweisen denkbar: So könnte man mit rein schulbezogenen Möglichkeiten, etwa der Verbesserung von Schule und Unterricht (Schulhofgestaltung; Unterrichtsformen wie selbstbestimmtes kooperatives Lernen) versuchen, Gewalt in der Schule zu vermindern. Man könnte schülerbezogene (umfassende Trainingsprogramme zum sozialen Wissen, Verstehen und Handeln; Gewalt als Unterrichtsthema) oder spezifisch «täterbezogene» Maßnahmen einsetzen (Einzelgespräche mit Tätern, Eltern, Strafen; individuelle Leistungsförderung); denkbar wären auch spezifischer Opferschutz oder langfristige Stärkung (Patenschüler: Hilfe durch Zuschauer; Anleitung zu selbstsicherem Verhalten).[77]

Sofern diese Ansätze überhaupt auf positive Wirkungen oder auf negative Nebenwirkungen überprüft wurden, ist das Ergebnis eindeutig: Effektvolle Gewaltreduktion lässt sich nur bei dauerhaftem Engagement durch die in der Schule tätigen Personen erreichen, wenn möglichst alle Ebenen der Institution einbezogen werden.[78]

Das Interventionsprogramm setzt durch verschiedene Maßnahmen auf allen Präventionsebenen an:

- Die Primäre Prävention will – an alle Bürger gerichtet – durch verschiedene Vorgehensweisen direkt die Ursachen der Kriminalitätsentstehung eindämmen.[79] Damit verbunden ist die Vermittlung sozialer Kompetenz zur Konfliktbewältigung.[80] Im Olweus-Programm wird diese Präventionskomponente etwa durch die Vereinbarung von Verhaltensregeln und das Erlernen von gewaltfreien Konfliktlösungsstrategien erfüllt.

- Die Sekundäre Prävention ist bereits auf die potenziellen Opfer und Täter ausgerichtet, sie will für die Täter die Tatbegehung erschweren und die Opfer verstärkt schützen.[81] Diese Art der Prävention findet sich im Anti-Bullying-Programm etwa durch die verstärkte Aufsicht in den Pausen und Essenszeiten sowie durch das sofortige Einschreiten aller Lehrer bei beginnenden Auseinandersetzungen. Die Einhaltung der Regeln wird kontrolliert, Täterverhalten wird unterbrochen und sanktioniert, Opfer erfahren Schutz, Beistand und Solidarität.
- Die Tertiäre Prävention schließlich bezieht sich im kriminologischen Kontext auf eine Rückfallvermeidung bereits straffällig gewordener Täter.[82] Im Hinblick auf die Anti-Bullying-Problematik wären darunter alle Maßnahmen zu verstehen, die sich gegen die Fortführung einmal begonnener Tätlichkeiten in einer Täter-Opfer-Beziehung und auf die Wiederherstellung einer konfliktfreien Beziehung richten. Hier werden konstruktive Sanktionen wie Wiedergutmachung und das Erlernen von gewaltfreien Konfliktlösungsstrategien wichtig.

Letztlich wird beim vorhandenen sozialen Umfeld angesetzt, sodass Schüler, Lehrer und Eltern auch als «Nicht-Fachleute» die zentrale Rolle in dem Interventionsprogramm spielen, wohingegen «Experten», wie Schulpsychologen, Berater oder Sozialarbeiter, ihre Funktion als Planende und Koordinierende in der Fortbildung von Lehrkräften und Eltern und bei der Bewältigung schwieriger Fälle haben.[83]

Zielvorstellungen

Hauptziel des Interventionsprogramms nach Olweus ist das Zurückdrängen des Bullying in der Schule durch «Restrukturierung des sozialen Umfeldes». In diesem Kontext werden die vier folgenden Unterziele festgelegt:[84]

- Durch die Fragebogenerhebung sollen Erkenntnisse darüber gewonnen werden, ob und gegebenenfalls in welchem Umfang das Bullying-Problem an einer Schule besteht, um so zugleich das Bewusstsein für dieses Problem zu schärfen.
- Die aktive Beteiligung von Eltern und Lehrern muss erreicht werden. Ihnen soll bewusst gemacht werden, wie wichtig ihre Rolle bei dieser Problematik ist und welche Möglichkeiten des Eingreifens für sie bestehen. Die den Schülern vermittelte Grundbotschaft allen Handelns soll dabei lauten: «Gewalt wird bei uns nicht akzeptiert.»
- Schüler sollen klare Regeln gegen Gewalt entwickeln, was zu gemeinsamen Definitionen von Gewalt und dem Festlegen von Konsequenzen bei Verstößen gegen die aufgestellten Regeln in der Klasse führt. Aufgabe der Lehrer ist es hierbei, die Einhaltung der Regeln zu überwachen, Regelverletzungen konsequent wie abgesprochen zu bestrafen und in jedem Fall großzügig Lob für das Befolgen der Regeln auszusprechen.
- Das Interventionsprogramm muss den Opfern Unterstützung und Schutz gewähren. Neben dem Schutz des Opfers durch Intervention geht es darüber hinaus auch um die neutrale, meist «schweigende Mehrheit» der Klasse, deren nicht länger neutrales Verhalten gegenüber Gewalt die Opfer stärkt. Durch die Solidarisierung der Schüler mit dem Opfer wird diesem geholfen, das eigene Selbstbild zu stärken, neue Kontakte zu knüpfen und die Opferrolle zu verlassen.

Effekte des Programms

Die Auswirkungen des Interventionsprogramms auf die Gewaltprobleme der Schule sind beeindruckend. In den acht beziehungsweise zwanzig Monaten des Interventionszeitraumes war ein Rückgang des Bullying um bis zu 50 Prozent und mehr zu verzeichnen, wobei dies für Jungen wie Mädchen in allen Altersstufen galt und sich auf direkte ebenso wie auf indirekte Gewalt bezog.[85]

Ebenso wichtig ist aber, dass eine Verlagerung der Gewalt aus dem Raum der Schule auf den Schulweg ausblieb – wie man es hätte befürchten können und es von Skeptikern immer wieder behauptet wird. Selbst hinsichtlich der Bullying-Probleme auf dem Schulweg gab es eine Abnahme oder zumindest keine negative Veränderung.[86] Mit dem Interventionsprogramm konnte weiter eine deutliche Verringerung im allgemeinen antisozialen Verhalten, etwa Vandalismus, Rangeleien, Diebstahl, Trunkenheit und Schulschwänzen, erreicht werden.[87] Ferner wurde eine deutliche Verbesserung im Hinblick auf verschiedene Aspekte des «Sozialklimas» in der Klasse erreicht: Ordnung, Disziplin und die Einstellung zu Schularbeiten in der Klasse besserten sich, soziale Beziehungen wurde aufgebaut oder gefestigt. Insgesamt ließ sich eine größere Schülerzufriedenheit mit dem Schulleben feststellen.[88] Schließlich wirkte sich das Interventionsprogramm nicht nur auf die Situation schon bestehender Opfer aus, sondern es verringerte zudem deutlich die Anzahl neuer Opfer.[89]

Die Untersuchungen belegen den Zusammenhang zwischen dem Interventionsprogramm und den eingetretenen Effekten. Diejenigen Klassen, in denen die Interventionsmaßnahmen gut durchgeführt wurden, wiesen höhere Abnahmeeffekte auf als die Klassen, die weniger Interventionsmaßnahmen oder Maßnahmen in schlechterer Qualität durchgeführt hatten.[90] Zudem waren die positiven Ergebnisse nach zwei Jahren deutlicher ausgeprägt als nach einem Jahr.[91] Für sonstige methodische Kritik ergeben sich keine Anhaltspunkte. Die Ergebnisse wurden weltweit in Folgeuntersuchungen – mit Unterschieden im Detail – bestätigt (siehe Teil II).

Erklärungsansätze für die Wirksamkeit des Programms

Lerntheoretische Begründung nach Olweus

Das Interventionsprogramm von Olweus basiert auf den Erkenntnissen der Lerntheorien. Grundsätzlich ist davon auszugehen, dass neben einer Prädisposition durch genetische und persönlichkeitsabhängige Faktoren aggressives Verhalten gelernt wird. Zumeist wirken positive Verstärker dadurch, dass der Täter sein Ziel erreicht oder die Aufmerksamkeit von Bezugspersonen erlangt.[92]

Dargestellt hat Olweus sein theoretisches Modell im «Teufelskreislauf des Bullying».[93] Danach ruft eine Gewalttat bei den Beteiligten verschiedene Reaktionen hervor. Das Opfer ist ängstlich, verunsichert und reagiert mit Passivität, Rückzug und Schweigen. Die Mitschüler(innen) sind ängstlich, aber auch fasziniert und reagieren mit Passivität, «Voyeurismus» und Mitläuferverhalten. Die Lehrerinnen und Lehrer sind meist unentschlossen, uneinig, fühlen sich hilflos und reagieren nur schwach, gar nicht oder nur inkonsequent. Schließlich bleiben die Eltern, die jedoch zumeist nichts erfahren und deshalb auch nicht reagieren können. Die inkonsistenten, intermittierenden Reaktionen von Eltern, Lehrern und Mitschülern führen zu einer Verstärkung auf Seiten des Täters, die sich zudem als besonders löschungsresistent und damit als Hindernis für den Aufbau neuen Verhaltens erweisen.

Das aggressive Verhalten wird aber nicht nur selbst aufrechterhalten und verstärkt, sondern besitzt zudem gleichzeitig Modellcharakter für die Mitschülerinnen und Mitschüler. So muss im Sinne des Modelllernens davon ausgegangen werden, dass das aggressive Verhalten von Mitschülern imitiert und übernommen wird. Dies führt letztlich zu einer negativen Veränderung, wo aus passiven «Voyeuren» aktive Mitläufer werden.

Das lerntheoretisch basierte Interventionsprogramm setzt auf verschiedenen Ebenen an. Zum einen sollen inkonsistente Reaktionen und dadurch eine Verstärkung beim Täter durch Zusammenarbeit mit den Eltern und konsequentes und einheitliches Einschreiten der Lehrer vermieden werden. Dem Modelllernen der Mitschüler soll zudem durch Sensibilisierung für die Problematik entgegengewirkt werden. Sie sollen ihre eigene Verantwortung auch als passive Zuschauer und Mitläufer kennen lernen und ebenfalls als Verantwortliche für das Klassenklima herangezogen werden. Das Anti-Bullying-Programm setzt also konsequent die Erkenntnisse der Lerntheorien um und versucht den Kreislauf der Gewalt an jeder nur möglichen Stelle zu durchbrechen. So sind die klaren Belege für die Wirksamkeit der Intervention zugleich starke Stützen der kriminologischen Lerntheorie.

Über die angesprochenen Erklärungen durch die Lerntheorie hinaus gibt es weitere kriminologische Erklärungsansätze, die eine Wirksamkeit plausibel machen.

Pyramidenmodell normativer Sozialisation (Rössner)

Der Marburger Kriminologe Dieter Rössner verdeutlicht die Grundlagen des Normlernens in einem Pyramidenmodell. Auch die Wirksamkeit eines Präventionsprogramms auf Schulebene lässt sich mit den allgemeinen Grundsätzen normativer Sozialisation, die das Hineinwachsen des Kindes in eine Gesellschaftsordnung mit Aneignung der Verhaltes- und Wertorientierungen umfasst, begründen. Ein Kind wird nicht mit dem Wissen um richtiges und falsches Verhalten geboren, sondern muss dieses lernen. Fragt man sich, wie der Mensch überhaupt Normen lernt, lassen sich Grundstrukturen erkennen.

Regeln für das geordnete und friedliche Zusammenleben der Gemeinschaft sind zunächst nichts weiter als ein verletzbarer und empfindlicher äußerer Rahmen, der stets neu geschaffen, durchgesetzt und gelebt werden muss. Das gesellschaftliche Regelsystem besteht aus zwei Grundpfeilern: Die in der Außenwelt konstituierten sozialen Normen bedürfen zunächst und ständig fortlaufend der externen sozialen Kontrolle zum Sichtbarwerden und zur Vergegenständlichung. Die persönliche Aneignung der Normen aus der Außenwelt führt zu der letztlich wirksamen inneren Kontrolle, die eine ständige äußere Kontrolle zur Normbeachtung überflüssig macht. In dieser Sicht ist die klare Kontur der äußeren Regel stets und immer die erste und notwendige Voraussetzung für die Regeleinhaltung. Dabei kommt der Sanktion erhebliche Bedeutung zu. Normen können nur gelernt werden, wenn sie als äußere Ordnung sichtbar und von der Gemeinschaft gelebt werden. Verhaltensorientierungen des Menschen müssen erst von der Gemeinschaft erschaffen und dann in einem komplizierten Prozess ins Innere des Menschen transferiert werden. Das folgende Schaubild zeigt den Ablauf der Normverinnerlichung:

Grundstruktur des Normlernens

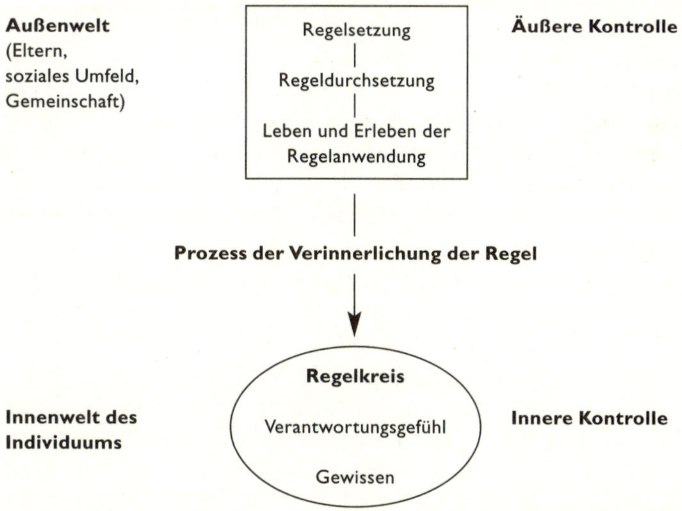

Die gewisse und konsequente Sanktion konstituiert aber nicht nur die äußere Ordnung, sondern wirkt auch individuell im Prozess des Normlernens. Das Endziel des Lernens von Normen ist erreicht, wenn der Adressat Sinn und Zweck erkannt hat, ihre Geltung anerkennt und sich selbst kontrolliert. Nach neuen, verallgemeinerungsfähigen Ergebnissen der Kriminologie sind drei Faktoren für die Entwicklung von Selbstkontrolle entscheidend: Das Verhalten wird grundsätzlich kontrolliert, es wird erkannt und thematisiert sowie angemessen bestraft.

Unterhalb der strafrechtlichen Sozialkontrolle existieren viele Teilsysteme sozialer Kontrolle, wie Familie, Schule, Kirche, Nachbarschaft, Betrieb und Sport, die alle durch Reaktionen auf abweichendes Verhalten die äußere Ordnung realisieren und so zur Normverinnerlichung beitragen. Die Effektivität der unterschiedlichen Teilbereiche ist umso höher, je früher das soziale Normlernen erfolgt und je intensiver der Personenbezug und die Zuwendung beim Normenlernen sind.[94] Die gestufte Effektivität der Einflussnahme lässt sich am besten mit Hilfe eines Pyramidenmodells erklären. Hier zeigt sich auch die zentrale Rolle, die der Familie (Basissozialisation) und danach der Schule bei der normativen Sozialisation zukommt. Auch in der Schule begegnen sich Schüler und Lehrer – zumindest in den ersten Jahren – noch relativ intensiv.[95] Natürlich kann die Schule die Rolle der Eltern und der engen familiären Umgebung nicht ersetzen. Sie ist aber immer noch besser geeignet zur erfolgreichen normativen Sozialisation als die erst später und mit weniger sozialer Nähe und intensivem Personenbezug wirkenden Institutionen oder das Recht.

Eine weitere wichtige Erkenntnis zeigt sich bei der Betrachtung der Bedeutung der frühen Sozialisation: Normlernen ist Teil der Bildung. Wer von Kindern und Jugendlichen zu Recht erwartet, dass sie sich gewaltfrei und friedlich gegenüber anderen verhalten, muss den gesellschaftlichen Prozess des Normlernens berücksichtigen. Man wird nicht von der (Straf-)Justiz erwarten können, dass sie eines Tages mit Erreichen der Strafmündigkeit die nicht erlernte Ausrichtung an Normen her-

Pyramide des Normlernens

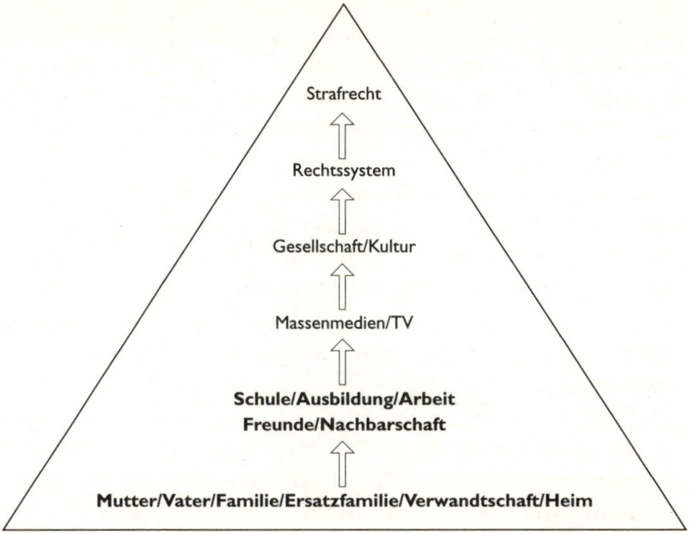

beiführt. Vielfach jedoch werden in Alltagsdiskussionen (menschliche) Bildung und (formale) Justiz als Gegenpole im Gemeinschaftsleben betrachtet. Die Annahme verweist auf eine oberflächliche Sichtweise. Gemeinschaft und Gesellschaft beruhen nach einer einhelligen Einschätzung in der Soziologie darauf, dass mehrere Menschen ihr Verhalten aneinander orientieren. Diese Orientierung vieler unterschiedlicher Personen am Verhalten des anderen wird im Laufe der Zeit intensiver und umfassender. Der gegenteilige Verlauf lässt Gemeinschaften auseinander fallen. Diese Einsichten wirken auf den ersten Blick einfach, sind jedoch ein verwickelter Vorgang: Das Phänomen der gesellschaftlichen Verhaltensorientierung ist ein gemeinsames Anliegen von Bildung und Justiz. Bildung ist gefragt, weil Verhaltensnormen anders als die Instinkte von Tieren nicht angeboren sind, sondern im langwierigen Akt der zweiten sozialen Geburt im Prozess menschlicher Bildung – besser: der Sozialisation – erworben, also wahrgenommen und gelernt werden. Emotionale Bildung – «Herzensbildung» – zielt auf die vielleicht wichtigste soziale Fähigkeit des Zusammenlebens gerade in einer multikulturellen Gesellschaft: die Fähigkeit, Perspektiven des anderen zu übernehmen und die Welt, einschließlich sich selbst, auch mit den Augen dieses anderen zu sehen. Kurz gefasst nennt sich diese wichtigste Fähigkeit: Empathie.

Inhaltlich ergeben sich kaum Unterschiede zwischen sozialer Bildung und Rechtserziehung. Der Unterschied liegt allein in der Verbindlichkeit und formellen Durchsetzung. Recht enthält das zwangsweise durchzusetzende Minimum der Verhaltensorientierung. Daraus resultiert die Forderung, gegen mögliche Deformationen solcher Normen unmissverständlich und konsequent einzuschreiten. Jedem wird demonstriert, dass eigenes regelkonformes Verhalten sinnvoll ist, da auch die anderen die Regeln befolgen oder der Regelbrecher negative Konsequenzen zu tragen hat. Freilich ist Recht und vor allem Strafrecht nur das letzte Mittel, mit dem allenfalls der gesellschaftliche Absturz ins Chaos verhindert wird, die wohlgeordnete Gemeinschaft aber nicht zu erreichen ist. Dazu bedarf es der Bildung von Verantwortung gegenüber anderen, von Werthaltungen in der Gemeinschaft und der kleinen Ethik für den Alltag. Der äußere Rahmen des Rechts hat für diese innere Formung nur wenig Bedeutung.

Warum unterlassen es Menschen normalerweise, andere zu verletzen? Doch nicht, weil sie an §§ 211, 212, 223, 224 und Co. im Strafgesetzbuch denken, sondern weil sie sich die dahinter stehenden kulturellen und gesellschaftlichen Werte im Zusammenleben angeeignet haben! Normen und Werte als Basis der Gemeinschaftsordnung werden von den Menschen gebildet und gelebt. Sie können nicht vom Staat verordnet und auf Dauer gegen den Willen der Menschen verteidigt werden. Laotse beschreibt das Verhältnis sehr anschaulich: «... wenn Güte verloren geht, herrscht Wohlwollen, wenn Wohlwollen verloren geht, herrscht Gerechtigkeit, wenn Gerechtigkeit verloren geht, herrscht die Vorschrift, die Vorschrift ist nun die Hülse von

Treu und Glauben, der Beginn von Verwirrung.» Die verhaltensorientierten Aufgaben der Justiz stehen so in ganz enger und unmittelbarer Verbindung mit dem sozialen Normfundament.

Kontrolltheorien (Gottfredson & Hirschi)

Eine weitere Begründungsmöglichkeit bilden die Kontrolltheorien. Eine besondere Nähe zum Olweus-Programm haben sie schon deshalb, weil sie strikt präventiv orientiert sind. Sie fragen vorrangig nicht nach Kriminalitätsursachen, sondern danach, warum die Mehrzahl der Menschen sich sozial konform verhält und keine Straftaten begeht.[96] Maßgeblich ist dabei die aktuelle Theorie der Selbstkontrolle von den amerikanischen Soziologen Michael Gottfredson und Travis Hirschi.[97] Sie gehen davon aus, dass Kriminalität gerade nicht durch eine differenzierte Tatplanung und besonderen Ehrgeiz des Täters gekennzeichnet ist, sondern es sich vielmehr um spontane und strukturlose Taten handelt. Damit stellt sich Straffälligkeit als unmittelbare Folge mangelnder Selbstkontrolle dar, wobei das Handeln der unmittelbaren Befriedigung von Bedürfnissen dient.

Die niedrige Selbstkontrolle ist gekennzeichnet durch eine konkrete Hier-und-Jetzt-Orientierung. Die Täter haben Schwierigkeiten, eine Belohnung aufzuschieben, sind nicht in der Lage, sich längerfristig zu konzentrieren und an einem Projekt zu arbeiten. Sie sind ichbezogen, gleichgültig und gefühllos für die Bedürfnisse und Leiden anderer.[98] Der Schwerpunkt der Ausbildung von Selbstkontrolle wird zutreffend in der Sozialisation gesehen. Hauptursache mangelnder Selbstkontrolle und damit fehlender Verantwortungsbildung liegt also in einer fehlgelaufenen Erziehung. Bei schlechten Ausgangsbedingungen sind verstärkte Erziehungsanforderungen notwendig, um den Mangel auszugleichen, woran es leider häufig fehlt. Die kriminologische Forschung belegt den fatalen Kreislauf des Aufschaukelns von gegebenen, am Anfang noch sehr kleinen Störungen kindlichen Verhaltens zu riesigen sozialen Auffälligkeiten. Der Kriminologe Hans-Joachim Schneider beschreibt diesen verhängnisvollen Prozess auf empirisch belegtem Hintergrund wie folgt sehr plastisch:

- Das aggressive Verhalten in der Kindheit entsteht durch Interaktion zwischen Problemkindern mit Problemeltern.
- Kinder, die zu Überaktivität und Zornausbrüchen neigen, treffen mit Eltern zusammen, die reizbar und ungeduldig sind und die nur eine schlechte Selbstkontrolle besitzen.
- Das Aufeinandertreffen eines temperamentmäßig schwierigen Kleinkindes mit ungünstigen, widrigen Erziehungspraktiken seiner Eltern leitet einen Lebenslauf ein, der beständig hartnäckiges und aggressives Verhalten aufweist.
- Verfehlte Eltern-Kind-Begegnungen häufen sich. Benachteiligte, ungünstige Elternhäuser, Schulen und Nachbarschaften verschlimmern die Lage.

Die Entwicklung wirksamer Selbstkontrolle und Empathie muss deshalb auf die Ausbildung von Fähigkeiten setzen, die diesen Kennzeichen mangelnder Selbstkontrolle entgegengesetzt sind. Dazu gehören etwa das Erlangen von intellektuellen Fähigkeiten, Selbstsicherheit und Leistungsmotivation, die Vermittlung von Konfliktlösungsmodellen sowie die Entwicklung von Empathie und Solidarität. Gottfredson und Hirschi haben insbesondere drei Faktoren festgestellt, die für die Entwicklung wirksamer Selbstkontrolle unverzichtbar sind:[99]

- Das Kind muss von einer aufmerksamen und ihm liebevoll zugeneigten Person beaufsichtigt werden.
- Abweichendes – hier gewalttätiges – Verhalten muss stets thematisiert und das Kind in einer positiven Atmosphäre damit konfrontiert werden.
- Gewalttätiges Verhalten muss sanktioniert werden in einer Form, die dem Kind zeigt, dass die Strafe ein Akt der Aufmerksamkeit und ein Integrationsversuch in konforme Bezüge, nicht aber feindselige Ausgrenzung der Person ist.[100]

Bei Olweus findet sich eine konsequente Umsetzung der Kontrolltheorie. Die Forderung an Lehrkräfte und Mitschüler, gegen Bullying einzuschreiten und zu signalisieren, dass dieses nicht geduldet wird, erfüllt die Forderung der Kontrolltheorie nach Beaufsichtigung, Beobachtung und Einschreiten – im Rahmen des Programms natürlich nur bezogen auf den Bereich der Schule.

Auch die Lernziele des Interventionsprogramms decken sich mit den Aspekten, die nach der Kontrolltheorie für einen wirksamen Aufbau von Selbstkontrolle sprechen, da Konfliktlösungsstrategien, Empathie und Solidarität ausgebildet werden sollen. Die als Effekt des Programms beobachtete Verbesserung des sozialen Klimas an der Schule trägt wiederum zu einer verbesserten Lernatmosphäre bei.

Festzuhalten ist: Scharfe äußere Kontrolle mit feindlichen Tendenzen gegenüber dem Kind oder Jugendlichen bewirken keine Verinnerlichung der Werte, sondern eher das Gegenteil. Ganz entscheidend ist die akzeptierende Grundeinstellung – gleichgültig, an welcher Stelle des Kontrollsystems. Sonst hält die Konformität nur so lange, wie eine Aufsichtsperson vorhanden ist. Konstruktive Grenzsetzungen durch Sanktionen sind zur Bildung von Verantwortung nicht zu umgehen. Sie sind da unumgänglich, wo ohne Schranken Menschen verletzt und gekränkt würden. Nach allen verfügbaren kriminologischen Erkenntnissen lässt sich noch ergänzen: Unverantwortliches Verhalten und Kriminalität werden vor allem durch die tragfähige Bindung an nicht delinquente Personen, an konventionelle Tätigkeiten und an Gemeinschaftswerte verhindert. Konformes Verhalten ist das Resultat der Bindung des Individuums an Menschen und Institutionen der Gemeinschaft. Die schwierige Aufgabe ist damit klar gestellt: Grenzen setzen und Normen verdeutlichen ohne Ausgrenzung!

Entwicklungskriminologie (Sampson & Laub; Stelly & Thomas)

In diese Überlegungen und Theoriekonzepte fügen sich die Erkenntnisse neuerer entwicklungsdynamischer Lebenslauftheorien wie etwa von den amerikanischen Soziologen Robert J. Sampson und John H. Laub ebenso ein wie Erkenntnisse aus der Philadelphia-Kohortenstudie (Marvin Wolfgang et al.) oder der Verlaufsstudie von Wolfgang Stelly und Jürgen Thomas[101] (beide Mitarbeiter am Institut für Kriminologie der Universität Tübingen) als Fortführung der Tübinger Jungtäter-Vergleichsuntersuchung. In diesem Sinne sind auch die umfassenden präventiven Vorschläge von Lösel und Bliesener zu verstehen. Einer Anhäufung von Risikofaktoren mit der Tendenz zu Ausgrenzung und kriminellem Verhalten ist eine Aktivierung von Schutzfaktoren gegenüberzustellen.[102]

Nach verschiedenen theoretischen Bezugsrahmen der aktuellen Kriminalitätstheorien lassen sich die positiven Effekte des Interventionsprogramms erklären.

Teil II

Die Erprobung der Anti-Bullying-Strategie in der Praxis

von Jacqueline Kempfer

Die dargestellten Ergebnisse der Begleitforschung zur Implementierung des Anti-Bullying-Programms in Norwegen beeindrucken sowohl durch ihren quantitativ hohen Rückgang der Bullying-Ereignisse in den Schulen als auch durch die qualitativen Verbesserungen im Lernklima, der Schulzufriedenheit und der Verringerung des allgemein als störend empfundenen Verhaltens. Evaluationsstudien werden nach bestimmten Vorgaben an einem Ort (hier also an bestimmten norwegischen Schulen) durchgeführt. Ob ein Präventionsprogramm jedoch auch an einem anderen Ort und außerhalb der – zumeist modellhaften – Durchführung innerhalb einer Studie wirkt, wenn andere das Modell umsetzen wollen, steht auf einem anderen Blatt.

Im Folgenden soll deshalb vorgestellt werden, welche Erfahrungen international und auch in Deutschland bei Erprobungen des Anti-Bullying-Programms in der Praxis gesammelt wurden.

Internationale Erfahrungen

Norwegen

Bereits unmittelbar nach den ersten Veröffentlichungen aus dem skandinavischen Raum, in welchem Bullying erstmals als ernst zu nehmendes Problem betrachtet wurde, beschäftigten sich auch viele andere Länder mit diesem schulischen Phänomen, untersuchten das Ausmaß im eigenen Land[103] und bemühten sich um angemessene Interventionsprogramme, die meist an dem erfolgreichen Olweus-Konzept orientiert waren.

Bevor es nun um die Erfahrungen in anderen Ländern geht, muss darauf hingewiesen werden, dass es neben der im ersten Teil des Buches bereits dargestellten Studie, die von Olweus in Bergen mit den bekannten positiven Ergebnissen durchgeführt wurde, nur ein Jahr später (1986) eine zweite norwegische Studie in der Region Rogaland (im Südwesten von Norwegen) gab, in welcher ebenfalls die Effektivität des Interventionsprogramms gemessen werden sollte. Hier waren rund 7000 Schüler im Alter von acht bis sechzehn Jahren aus siebenunddreißig Schulen beteiligt.[104] Die Ergebnisse waren jedoch äußerst negativ: Die Opferzahlen stiegen bei den Jungen um 44 Prozent an, sanken hingegen bei den Mädchen um 12,5 Prozent. Das indirekte Bullying durch soziale Ausgrenzung nahm bei den Jungen ebenfalls um 12,5 Prozent zu, sank wiederum bei den Mädchen um acht Prozent. Für das direkte Bullying war bei allen Beteiligten ein Anstieg zu verzeichnen, um 44 Prozent bei den Jungen und um 14 Prozent bei den Mädchen. Da ebenfalls erhoben wurde, inwieweit sich die Schulen bei der Programmimplementierung engagiert hatten, konnte – insbesondere für Grundschulen – ein direkter Zusammenhang zwischen dem Aufwand der Schulen und den ebenfalls vorhandenen positiven Einzelergebnissen festgestellt werden. Als Erklärung für diese stark voneinander abweichenden Ergebnisse in Bergen und Rogaland wird angeführt, dass in der Rogaland-Studie das Forschungsteam zwischen den beiden Messzeitpunkten, also während der Programmeinführung und -durchführung, als Ansprechpartner nicht zur Verfügung stand. Olweus hingegen bestreitet jegliche Vergleichbarkeit der beiden Studien im Hinblick auf Planung, Datenqualität, Messzeitpunkte und Kontakt zu den Schulen.

Olweus selbst hat eine erneute Überprüfung des Interventionsprogramms Ende der neunziger Jahre vorgenommen. In dieser Studie, die wiederum in Bergen etwa 3200 Schüler im Alter von elf bis fünfzehn Jahren erfasste, konnte die Reduktion des

Bullying nach sechs bis sieben Monaten um 25 bis 30 Prozent erneut nachgewiesen und so das Ergebnis der ersten norwegischen Studie bestätigt werden.

England

Inspiriert von den norwegischen Erfolgen, wurde in den Jahren 1991 bis 1993 ein umfassendes und gut evaluiertes Anti-Bullying-Projekt an 23 Grund- und weiterführenden Schulen in Sheffield (viertgrößte Stadt Großbritanniens, in Mittelengland gelegen) durchgeführt. Insgesamt nahmen ungefähr 6500 Schüler im Alter von acht bis 16 Jahren teil.[105] Zwar orientierte man sich an dem Olweus-Konzept, im Vordergrund stand jedoch die Ächtung des Bullying auf der Schulebene, während die Arbeit auf der Klassen- und Individualebene nur als zusätzliche, freiwillig durchzuführende Komponente angeboten wurde.[106] Die zweite Befragung 18 Monate nach Programmbeginn zeigte, dass an den meisten der teilnehmenden Schulen die Zahl der Opfer um zwischen sieben und 14 Prozent und die Zahl der Bullying-Vorkommnisse um zwölf Prozent zurückgegangen waren. Gleichzeitig stieg die Bereitschaft der Schülerinnen und Schüler, bei derartigen Vorkommnissen die Hilfe eines Lehrers zu suchen, ebenso gaben die Täter an, die Lehrer hätten häufiger mit ihnen über ihr Verhalten gesprochen. Auffällig waren die zum Teil stark voneinander abweichenden Ergebnisse der einzelnen Schulen. Dies lässt sich jedoch damit erklären, dass gleichzeitig ein deutlicher Zusammenhang zwischen den an den Schulen umgesetzten Aktivitäten und dem Rückgang des Bullying bestand: Gerade wenn die Schulen nicht nur die Maßnahmen auf der Schulebene umsetzten, sondern auch die optionalen Komponenten auf der Klassen- und Individualebene, war eine deutliche Abnahme des Bullying zu verzeichnen.[107] Wiederum waren die Effekte deutlicher an den Grund- als an den weiterführenden Schulen ausgeprägt.[108]

Irland

Nach umfangreichen Erhebungen zur Relevanz der Bullying-Problematik[109] wurde auch in Irland, in der Region Donegal (nördlichste Grafschaft Irlands), ein Pilotprojekt an Grundschulen mit einem Interventionsprogramm gegen Bullying gestartet. Das Programm orientierte sich dabei am norwegischen Modell, allerdings weniger am Olweus-Konzept direkt als vielmehr an den vom norwegischen Bildungsministerium insgesamt geförderten Maßnahmen. Im Vordergrund sollte deshalb die Aufklärung von Eltern, Lehrern und Schülern über die Bullying-Problematik stehen. Die vier Kernelemente des irischen Programms umfassten daher auch: 1. die Information von Lehrern über das Bullying, über die Möglichkeiten, eine positive Schul- und Klassenatmosphäre zu schaffen, und die Kooperation von Lehrern und Eltern, 2. die Information der Eltern über die Problematik und die Lösungsmöglichkeiten, 3. wurden die Schülern sensibilisiert und über Präventionsmöglichkeiten auf Schul- und Klassenebene sowie über Unterstützungsmöglichkeiten betroffener Schüler informiert, und 4. schließlich ging es um die Ausbildung von Multiplikatoren, die in ihren Schulen die Umsetzung der Strategien koordinieren und unterstützen sollten.[110] Vor und nach der Programmimplementierung wurde mit dem modifizierten Olweus-Fragebogen das Ausmaß der Problematik untersucht. Im Ergebnis zeigte auch dieses irische Pilotprojekt umfassend positive Wirkungen. Die Opferzahlen sanken um 21,5 Prozent, die Zahl der Täter um 24 Prozent, die Hilfsbereitschaft, gegen Bullying einzuschreiten, stieg um knapp zehn Prozent an. Nur ein geringer Einfluss des Programms wurde hingegen für die Bereitschaft, Bullying gegenüber Eltern oder Lehrern anzuzeigen, nachgewiesen.[111]

Belgien

Nach den erfolgversprechenden Ergebnissen in Norwegen und England sollte das Anti-Bullying-Programm nach dem Konzept von Olweus auch in Belgien erprobt werden. Im Vordergrund der Studie stand wiederum die Frage nach der Effektivität der Intervention. Daneben sollte aber auch untersucht werden, ob sich eine umfangreiche Unterstützung der Schulen bei der Programmimplementierung vorteilhaft auswirke.[112] In einer quasiexperimentellen Studie wurden von insgesamt achtzehn Schulen in Flandern je drei Grund- und drei weiterführende Schulen einer von drei Gruppen zugeordnet: Die erste Gruppe setzte das Interventionsprogramm um und erhielt dabei eine umfassende Unterstützung, zum Beispiel durch ein fünfundzwanzigstündiges Trainingsprogramm zu Kommunikationstechniken sowie zum Umgang mit Tätern und Opfern. Zudem hatte sie jederzeit die Möglichkeit, weitergehende Hilfe anzufordern und Rückmeldungen zu den bereits umgesetzten Programmpunkten zu erhalten.[113] Die zweite Gruppe führte das Interventionsprogramm ohne diese Unterstützung ein, die dritte Gruppe schließlich war die Kontrollgruppe ohne Interventionsprogramm. Insgesamt waren 1104 Schülerinnen und Schüler im Alter von zehn bis sechzehn Jahren an der Studie beteiligt.[114]

Die Ergebnisse der Studie überraschen in mehrfacher Hinsicht. Erstens gab es keinen signifikanten Unterschied im Hinblick auf die Opferzahlen, die an allen Schulen etwas sank. Zweitens konnte ein leichter, im Vergleich zu den Kontrollschulen nicht signifikanter Rückgang des Bullying nur an den Grundschulen verzeichnet werden, wobei das zusätzliche Trainingsprogramm für die erste Gruppe keine Wirkungen zeigte. An den weiterführenden Schulen gab es nicht nur keinen signifikanten Unterschied zwischen den Schulen mit Interventionsprogramm und den Kontrollschulen, hier schnitten die Schulen der zweiten Gruppe ohne zusätzliches Trainingsprogramm sogar besser ab als die der ersten Gruppe mit Trainingsprogramm. Insgesamt lasse sich, so die Autoren der Studie, zwar die Effektivität des Programms durchaus bestätigen, allerdings nur für den Bereich der Grundschulen und unabhängig von zusätzlichen Trainingsprogrammen für die Lehrer.[115]

Spanien

Die jüngste und wohl umfangreichste Studie zum Bullying-Problem in Spanien befasst sich mit dem SAVE-Projekt (Sevilla Anti-Violencia Escolar) und wurde in zwei Etappen 1995/96 und 1999/2000 durchgeführt. Das Interventionsprogramm basiert zwar auf dem Olweus-Konzept, muss aber dennoch wegen weitergehender Überlegungen als eigenständiges Programm gewertet werden. Ähnlich wie im Olweus-Programm wird auf mehreren Ebenen gearbeitet, und es werden Schüler, Eltern und Lehrer in das Programm eingebunden. Anders als bei Olweus stehen jedoch die Betonung des demokratischen Umgangs miteinander, die Entwicklung kooperativer Gruppenarbeit, die Beachtung von Gefühlen, Einstellungen und Werten beim Lernprozess im Vordergrund, die durch Interventionsstrategien auf individueller Ebene ergänzt werden können.[116]

Wenngleich es sich nicht um ein vollkommen kontrolliertes Forschungsdesign handelte,[117] sind die Ergebnisse vier Jahre nach Beginn des Programms beeindruckend. In den Schulen, die dieses Programm nutzten, sank die Zahl der Opfer um 57 Prozent, die Zahl der Langzeitopfer, die angaben, länger als ein Jahr Opfer gewesen zu sein, um 41 Prozent und die Zahl der Täter um 16 Prozent. Die Unterschiede im Vergleich zu den Kontrollschulen ohne Interventionsprogramm waren signifkant. Darüber hinaus nahmen die positiven Bindungen an Gleichaltrige um 16 Prozent zu.[118]

Österreich

Aus Österreich wird von der Erprobung einer auf drei Monate verkürzten Version des Anti-Bullying-Programms nach Olweus berichtet.[119] Vier Klassen von zwei Hauptschulen nahmen an dem Programm teil und wurden mit Kontrollklassen verglichen.

Aus dem Kernprogramm von Olweus wurden insbesondere die Aufstellung von Klassenregeln, das Einschreiten gegen Gewalt in der Pause, die Einbindung der Eltern und ernsthafte Gespräche mit Tätern und Opfern umgesetzt. Im Ergebnis zeigte dieses Kurzprogramm jedoch keine Wirkung. Es gab nicht nur keine Unterschiede zwischen den Programm- und den Kontrollklassen, auch die erwartete Gewaltreduktion trat nicht ein. Die Ursachen hierfür sind in erster Linie wohl in der deutlich zu kurzen Programmdauer und der fehlenden Einbindung der gesamten Schule – wie von Olweus als Kernpunkt gefordert – zu sehen.

Finnland

Auch Finnland gehört zu den Ländern, die bereits früh durch die Forschungen und Ergebnisse in Norwegen beeinflusst wurden. Gleich zwei Programme, die auf den Olweus-Prinzipien basierten, wurden hier evaluiert.[120]

In einer Langzeitstudie in Kempele, die von 1990 bis 1998 durchgeführt wurde und an der 2729 Schüler teilnahmen, wurde das Ausmaß des Bullying in den Klassenstufen 4, 6 und 7 jeweils vor und sodann in zwei-, vier-, sechs- und achtjährigem Abstand nach Einführung des Programms gemessen. Die Kernpunkte des Olweus-Programms wurden vollständig umgesetzt, wenngleich die Ausgestaltung durchaus unterschiedlich sein konnte. Die Ergebnisse sind hier sehr überzeugend und bestätigen die norwegischen Erfahrungen: Sowohl nach der Selbstbewertung wie auch nach den Befragungen der Gleichaltrigengruppen konnte das Bullying um etwa ein Drittel reduziert werden. Der stärkste Rückgang wurde in den beiden ersten Jahren nach Programmeinführung erreicht.[121]

Ein zweites Programm, das Interventionsprogramm der finnischen Pädagogen Christina Salmivalli und Ari Kaukiainen, betont die Schlüsselfunktion der Lehrer. Es stellt deshalb ein Training für Lehrer in den Vordergrund. Lehrer von acht Schulen nahmen an Seminaren teil, in denen Informationen zum Bullying und Strategien zur Bekämpfung vermittelt wurden. An den Schulen wurde dann ein Interventionsprogramm eingeführt, das auf den Olweus-Prinzipien basiert und auf allen Ebenen ansetzt. Auf der Individualebene wurden zudem Methoden anderer Programme eingesetzt. Im Unterschied zur ursprünglichen Olweus-Konzeption wurde den Lehrern vermittelt, bei den Gesprächen mit den Tätern Schuldzuweisungen (*blaming*) zu vermeiden.[122] Auch diese Untersuchung ist als Langzeit- und Vergleichsstudie konzipiert und dauert noch an, die Ergebnisse der ersten Phase sind jedoch bereits verfügbar. Bezogen auf alle teilnehmenden Klassen, ergab sich eine Reduktion des Bullying um 16 Prozent, während im gleichen Zeitraum die Viktimisierung in den Kontrollklassen um 15 Prozent anstieg. Die Reduktion war sehr unterschiedlich: So wird an den Interventionsschulen von unveränderten Verhältnissen oder einem Anstieg des Bullying ebenso berichtet wie von einer Reduktion um 60 Prozent an einer sehr engagierten Schule. Generell waren die Ergebnisse für die jüngeren Altersstufen deutlich positiver ausgeprägt.[123] Die erhofften Rollenveränderungen der Schüler konnten bislang jedoch nicht im erwarteten Umfang nachgewiesen werden.

Im Ergebnis zeigt diese Studie einige positive Ansätze, insbesondere wenn man den nur sechsmonatigen Interventionszeitraum beachtet, die positiven Ergebnisse der Olweus-Studie hingegen erst nach einer Langzeitintervention von zwanzig Monaten erreicht wurden. Insofern sollten die weiteren Ergebnisse abgewartet werden.

Australien

Eine Metaanalyse, welche den Erfolg von verschiedenen Anti-Bullying-Programmen in Australien untersuchte, stellte ebenfalls eine umfassende Reduktion des Bullying-Verhaltens fest, die meistens unter 50 Prozent lag.[124]

Kanada

In Kanada wurde das Anti-Bullying-Programm nach dem norwegischen Vorbild an drei Grundschulen und einer weiterführenden Schule (Klassenstufen 7 und 8) mit insgesamt 898 teilnehmenden Schülern in Toronto erprobt. Alle Kernkomponenten des Olweus-Konzepts wurden umgesetzt, wobei allerdings die aufzustellenden Regeln positiv formuliert wurden (zum Beispiel: «Jedes Kind hat ein Recht auf ein sicheres und geordnetes Schulumfeld») – im Unterschied zu Olweus, der in den Regeln die unerwünschten Verhaltensweisen festhielt.[125] Obwohl man sich ähnlich positive Ergebnisse wie in Norwegen erhofft hatte, waren die Erkenntnisse achtzehn Monate nach Programmende widersprüchlich: Während einerseits ein nichtsignifikanter Anstieg um 20 Prozent bei Kindern verzeichnet wurde, die zugaben, ein- oder zweimal im Schuljahr Täter gewesen zu sein, gaben andererseits 18 Prozent weniger Kinder an, in den letzten fünf Tagen Opfer geworden zu sein.[126] Da in dieser Studie keine Kontrollgruppe als Vergleichsgröße zur Verfügung stand, kann keine Aussage darüber getroffen werden, ob sich ohne die Intervention die Anzahl der Täter vielleicht noch stärker erhöht hätte. Auch wurden mögliche Zusammenhänge im Hinblick auf das Alter und das Geschlecht der Kinder nicht untersucht. Im Vergleich zur norwegischen Studie, die Teil einer nationalen Kampagne war, nahmen in Toronto lediglich vier Schulen teil.[127]

USA

In den Jahren 1995 bis 1997 wurde das Olweus-Programm in sechs Schulbezirken in South Carolina erprobt und begleitet.[128] Daten wurden an achtzehn Mittelschulen (Alter der Schüler zwischen elf und dreizehn Jahren) zu Programmbeginn sowie ein und zwei Jahre später erhoben. An den teilnehmenden Schulen nahm das Bullying innerhalb des ersten Jahres um 20 Prozent signifikant ab, während es im Vergleich hierzu an den Kontrollschulen um neun Prozent anstieg. Bereits im zweiten Jahr nach Programmbeginn bestanden jedoch keine signifikanten Unterschiede mehr zwischen den Schulen. Dies wird von den Autoren der Studie damit erklärt, dass die Beratungshäufigkeit der Schulen durch die Autoren im zweiten Jahr abnahm und generell die Schwierigkeit besteht, ein Programm über einen längeren Zeitraum aufrechtzuerhalten.[129]

Bestätigung durch eine aktuelle Metaanalyse

Unterstützt werden die Erfolgsaussichten eines Interventionsprogramms in der Tradition von Olweus durch eine neuere Untersuchung aus den USA, die nach Umfang und Methodik herausragend ist. Die Studie der amerikanischen Kriminologen David B. Wilson, Denise Gottfredson und Stacy S. Najaka hatte sich zum Ziel gesetzt, die Kernpunkte effektiver Präventionsprogramme an Schulen durch eine Metaanalyse von 165 selbständigen Präventionsstudien herauszuarbeiten, wobei alle Studien mit einer festgestellten Wirkung in die Gesamtauswertung eingingen. In diesen 165 analysierten Studien waren alle Formen schulischer Prävention vertreten. So gab es Programme auf Individual- wie auch auf Klassen- und Schulebene, Programme für eine allgemeine Verbesserung des Schulklimas, einige Programme mit einer Konzentration auf eine Risikogruppe von Tätern sowie Präventionsprogramme, die auf alle Formen abweichenden Verhaltens vom Schulschwänzen über Rauschmittelkonsum bis hin zur Delinquenz gerichtet waren.[130] Gemeinsame Grundlage aller Studien war das Ziel direkter Reduzierung problematischen Verhaltens durch Interventionsprogramme und Kontrollgruppendesign,[131] sodass von methodisch einwandfrei kontrollierten Ergebnissen auszugehen ist.

Die Ergebnisse dieser Metaanalyse stellen sich in überzeugender Weise wie folgt dar:

- Programme, die sich auf die gesamte Schulumwelt bezogen, wie das Aufstellen von Regeln und Verhaltenserwartungen, das konsequente Einschreiten bei Regelverlet-

zungen, Änderungen in der Klassen- und Unterrichtsführung sowie organisatorische Umstrukturierungen,[132] sind nach den überzeugenden Auswertungen eindeutig als sehr effektiv einzuschätzen,[133] insbesondere auch im Hinblick auf die Reduzierung von Drogenkonsum und (Gewalt-)Delinquenz.[134]
- Individualorientierte Programme sind nur dann erfolgversprechend, wenn sie auf den Methoden der kognitiven beziehungsweise der Verhaltenstherapie basieren, wohingegen Beratung, Sozialarbeit und therapeutische Interventionen ohne diese Grundlage keine positiven Auswirkungen zeigten.[135]
- Ebenfalls aussichtsreich bei der Reduktion problematischen Sozialverhaltens sind Ansätze, die sich den Aufbau und die Unterstützung von Selbstkontrolle und sozialer Kompetenz zum Ziel gesetzt hatten.[136]
- Deutliche Verbesserungen konnten mit Programmen erreicht werden, die sich konkret auf die Gruppe von Schülern beschränken, die ein erhebliches Maß abweichenden Verhaltens aufweisen. Dies ist damit zu erklären, dass wie bei den jugendlichen Intensivtätern hier eine kleine Gruppe von Schülern einen großen Teil der Regelverstöße begeht,[137] sodass eine erfolgreiche Einwirkung auf diese zu einer merklichen Reduktion problematischen Verhaltens im Schulbereich führt. Die Bedeutung des «5-Prozent-Problems» wird viel zu wenig wahrgenommen.

Aus diesen breit abgesicherten Erkenntnissen lassen sich Leitlinien zur Gewaltprävention in der Schule entwickeln, die mit denen des Olweus-Programms fast völlig übereinstimmen: Zum einen wird die Effektivität dieses Interventionsprogramms noch einmal dadurch bestätigt, dass hierbei gerade die Teile, die in der Metaanalyse als erfolgversprechend klassifiziert wurden, herangezogen und geschickt verknüpft werden. Dies ist insbesondere dem *Mehr-Ebenen-Charakter* des Programms zuzuschreiben. Hierdurch wird der generelle Ansatz – auf Schul- und Klassenebene durch das Aufstellen von Normen für Klarheit zu sorgen – mit den individualorientierten Strategien zum Aufbau sozialer Kompetenz kombiniert, um so die Effektivität der Einzelteile merklich zu steigern.

Völlig richtig und ausbaufähig ist in dem Olweus-Programm der sich aus der Metaanalyse ergebende Ausgangspunkt, sich auf die «schwierigen Fälle», gegebenenfalls verstärkt durch professionelle Hilfe, zu konzentrieren. Damit würde man der Erkenntnis aus der Metaanalyse gerecht, den mehrfach auffälligen Kindern und Jugendlichen Unterstützung über den für alle Schüler geltenden Aufbau von Selbstkontrolle und sozialer Kompetenz hinaus zu gewähren, um deren spezieller Problemlage gerecht zu werden und die Präventionswirkungen zu erhöhen. Die bisherige Form der Schulsozialarbeit durch partielle Unterstützung und relativ unverbindliche Beratung schwieriger Schüler ist dafür offenbar ungeeignet. Hier legt die Metaanalyse schonungslos offen, dass individualpräventive Programme nicht per se, sondern nur auf gesicherter Basis der Erkenntnisse der intensiven kognitiven beziehungsweise Verhaltenstherapie erfolgversprechend sind. Dazu ist in der Regel psychotherapeutische Kompetenz gefragt.

Zusammenfassung

Wie die Darstellungen der Erfahrungen mit dem Anti-Bullying-Konzept in den verschiedenen Ländern zeigen, ließen sich die Ergebnisse, die Olweus in seiner ersten Studie in Bergen erreichte, bislang zwar in dieser Größenordnung und Qualität nicht wiederholen, dennoch wurde die Wirksamkeit des Programms an verschiedenen Orten – Finnland, England, Belgien – bestätigt, mit manchmal eigenständigen Weiterentwicklungen des Konzepts wie in Irland oder Spanien. Auf der anderen Seite finden sich negative Erfahrungen, die teilweise durch veränderte Grundbedingungen (Kanada), aber auch durch eine offensichtlich mangelhafte Umsetzung (Österreich) erklärt werden können.

Insgesamt ist bei allen Studien zu beachten, dass die Schüler zwischen dem ersten Messzeitpunkt vor und dem zweiten nach der Programmdurchführung für die Bullying-Problematik sensibilisiert werden, was zu einer veränderten, das heißt gesteigerten Wahrnehmung von Bullying-Vorkommnissen und dadurch zu einer Verfälschung der Ergebnisse bei der zweiten Messung führen kann.

Die Studien mit den weniger positiven Ergebnissen zeigen aber auch, wie schwierig die Implementation mitunter sein kann. Gerade der Versuch, an ein erfolgreiches Modellprojekt anzuknüpfen, wirft wegen der notwendigen Anpassungen auf eigene Voraussetzungen und Verhältnisse Probleme auf.[138] Andererseits konnte mehrfach ein direkter Zusammenhang zwischen dem Engagement der Schulen und dem eingetretenen Erfolg nachgewiesen werden. Die internationalen Erfahrungen belegen den größeren Erfolg einer möglichst frühen Intervention bereits im Grundschulalter gegenüber späteren Programmeinführungen. Zudem wird durch die Ergebnisse in Österreich gezeigt, wie wichtig die konsequente Umsetzung des Konzepts an der ganzen Schule und über einen längeren Zeitraum hinweg ist.

Nach diesen internationalen Erfahrungen soll es nun um einige der laufenden Umsetzungen der Anti-Bullying-Strategie in Deutschland gehen. Zwar wurde nur die Programmimplementation in Schleswig-Holstein wissenschaftlich begleitet, dennoch zeigen auch die Berichte aus Nordrhein-Westfalen und Brandenburg wichtige und aktuelle Erfahrungen aus der konkreten Umsetzung.

Schleswig-Holstein

Die zeitlich erste Erprobung des Anti-Bullying-Programms in Deutschland fand Mitte der neunziger Jahre in Schleswig-Holstein statt.[139] Ausgangspunkt waren ein Gutachten zum Ausmaß der Gewaltproblematik an Schulen in diesem Bundesland[140] und die Einberufung eines Forums zur Gewaltprävention. Sodann wurde vom Bildungsministerium, einer Forderung der Gutachter entsprechend, Kontakt zu Dan Olweus aufgenommen – und ein systematischer Erfahrungsaustausch begann. Sein Handbuch *Bullying at Schools* wurde ebenso ins Deutsche übertragen (*Gewalt in der Schule. Was Lehrer und Eltern wissen sollten – und tun können*) wie der Mobbing-Fragebogen.

Nach diesen Vorbereitungen begann die praktische Umsetzung im April 1994 mit dem Versand einer Informationsbroschüre über das Landesprojekt «Gewaltprävention an Schulen» an alle Bildungsinstitutionen des Landes. In ihr wurden das Anti-Bullying-Programm erläutert und Ansprechpartner für das Projekt benannt. Bereits im Mai fanden zentrale Informationsveranstaltungen statt, daraufhin bewarben sich interessierte Schulen um die Teilnahme am Projekt.

Die tragende Säule während der Programmimplementierung war das kontinuierlich bestehende Beratungsangebot für die teilnehmenden Schulen. Während für die schulinterne Lehrerfortbildung zwei Experten vom Lehrerfortbildungsinstitut des Landes zur Verfügung standen, wurde das Programm auf regionaler Ebene von den schulpsychologischen Diensten unterstützt. Dieses Beratungsangebot wurde von den Schulen in unterschiedlichem Umfang in Anspruch genommen. Die Programmeinführung und die begleitende wissenschaftliche Studie begannen für die 47 Schulen verschiedenster Formen, die sich um die Teilnahme beworben hatten, im Juni 1994. Sämtliche Schüler dieser Schulen, die am betreffenden Tag anwesend waren, sollten den Mobbing-Fragebogen beantworten. Bis auf wenige Ausnahmen fand die zweite Untersuchung zwei Jahre nach Einführung des Programms im Juni 1996 statt.[141] Die Befragung selbst wurde innerhalb von zwei Schulstunden durchgeführt, wobei die erste Stunde für die altersgerechte Klärung des Begriffs «Mobbing» vorgesehen war und die zweite Stunde für das Ausfüllen des Fragebogens zur Verfügung stand. In Grundschulklassen wurde der Wortlaut den Klassen darüber hinaus laut vorgelesen.

Informationen zur Programmimplementierung wurden durch schriftliche Befragung der Schulleitung beziehungsweise der Koordinierungsgruppe erhoben. Diese ergab ein Interesse sowohl der Schulleitung wie auch einer Gruppe des Kollegiums an der Programmteilnahme. Die Steuerung übernahm in den meisten Fällen eine Koordinierungsgruppe mit Vertretern aus Schulleitung und Kollegium oder eine Koordinierungsgruppe innerhalb des Kollegiums. Die Form der Koordinierungsgruppe spielt im Ergebnis keine Rolle, solange Engagement, Begeisterungsfähigkeit und Durchhaltevermögen der Projektverantwortlichen gegeben waren.

Im Kernprogramm wird bereits davon ausgegangen, ein Erfolg sei nur zu erreichen, wenn das gesamte Kollegium «an einem Strang zieht». In diesem Sinne standen zu Beginn der Programmeinführung deutliche formale Mehrheitsbeschlüsse des Kollegiums im Vordergrund. In der weiteren Umsetzung zeigten sich dann bald die praktischen Probleme, diesen Beschluss auch durchzuhalten. Als hilfreich erwies sich in diesem Zusammenhang der Einsatz des Schülerfragebogens zum Mobbing, da er oft bei allen Beteiligten ein Gefühl des Betroffenseins weckte. Bis auf eine Schule wurde an allen Schulen ein Pädagogischer Tag zur Thematik «Gewaltprävention an Schulen» durchgeführt, auf dem von den meisten Schulen Beschlüsse zur Gewaltprävention verabschiedet wurden.

Die weitere Gestaltung der Umsetzung des Programms erfolgte in den Schulen in unterschiedlicher Weise. In einer Zwischenbefragung acht Monate nach Projektbeginn und in der Abschlussbefragung wurden übergreifende inhaltliche Schwerpunkte deutlich. Sehr erstaunlich war das Ergebnis, dass der zuerst genannte Arbeitsschwerpunkt bei beiden Befragungszeitpunkten die Umgestaltung des Schulhofs war. Für die Autoren der Studie besteht hier die Vermutung, in diesem Bereich konnte auf vorhandene Erfahrungen zurückgegriffen werden, eine Einbeziehung der Eltern war unproblematisch möglich, und es handelte sich um ein konkretes Problem mit Aussicht auf kurzfristige Lösung, das im Kollegium wohl auch leichter konsensfähig war als Themen wie «Klassenregeln» oder «Sanktionen». Da jedoch einerseits eine gründliche Bearbeitung der Pausengestaltung auch die Erarbeitung gemeinsamer Regeln und die Klärung der Aufsicht verlangt und andererseits der Pausenhof einer der zentralen «Tatorte» des Mobbings ist, wurde hier durchaus in einem Kernbereich des Olweus-Programms gearbeitet.

Naturgemäß waren bei der Einführung des Programms zunächst grundlegende Maßnahmen wie die Verbesserung der Kooperation im Kollegium und die Information der Eltern als inhaltliche Schwerpunkte entscheidend. Im weiteren Fortgang bildeten die Kernbestandteile des Olweus-Programms, das Arbeiten auf der Klassenebene mit dem Aufstellen der Klassenregeln gegen Gewalt und die Einzelgespräche mit Tätern und Opfern, die zentralen Aspekte der Arbeit. Bei Programmbeginn wurde der Blick stärker auf das eigene Kollegium gerichtet, erst mit fortschreitendem Verlauf rückte die einheitliche Arbeit mit den Schülern immer mehr in den Mittelpunkt.

Die Eltern waren in den einzelnen Schulen unterschiedlich stark in das Projekt eingebunden. Fast überall wurden sie über die Intentionen der Schule und des Programms informiert. Mitunter ergab sich eine starke Einbindung über konkrete Aufgaben wie etwa die Neugestaltung des Pausenhofs oder durch die Mitwirkung in Arbeitsgruppen. Bei Schulen, die sich intensiv mit der Erstellung der Klassenregeln auseinander setzten, wurden diese bisweilen auch auf Klassenelternabenden diskutiert und so die Eltern aktiv ins Klassengeschehen eingebunden.

Die Abschlussbefragung, die in den meisten Schulen ungefähr zwei Jahre nach Projektbeginn durchgeführt wurde, erbrachte für die Klassenstufen 1 bis 10 eine durchgehende Abnahme der Opferzahlen von 1,5 bis 7,6 Prozent. Die Abnahme um 7,6 Prozent der Mobbingopfer in der dritten Klassenstufe bedeutet bei einem Ausgangswert von 29,1 Prozent Mobbingopfern eine Reduktion um 26,2 Prozent. Die Rückgänge sind tatsächlich auf die Einführung des Interventionsprogramms zurückzuführen, womit auch in Schleswig-Holstein die grundsätzliche Wirksamkeit des Programms nachgewiesen werden konnte. Die Behandlung der Problematik hat höchstwahrscheinlich die gewünschte Sensibilisierung der Schüler und Schülerinnen bewirkt, sodass sie beim zweiten Messzeitpunkt vielleicht sogar ein wenig überschätzt wurde. Eine Zunahme an Mobbingopfern war hingegen für die Klassenstufen 11 und 12 des Gymnasiums zu verzeichnen, was in erster Linie wohl damit erklärt werden muss, dass die zentrale Arbeit auf der Klassenebene hier wegen des Kurssystems kaum stattgefunden haben kann.

Im Ergebnis zeigen die Erfahrungen aus Schleswig-Holstein die Wirksamkeit des Programms, selbst wenn eine Reduktion nicht in dem Ausmaß erfolgte wie in der Originalstudie in Norwegen. Ebenfalls bestätigt wurden die positiven «Nebenwirkungen»: Im Kollegium wurde ein Diskussionsprozess in Gang gesetzt, der zu verbesserter Kooperation und verstärkter Einbindung der Eltern führte. Die bereits bei der Studie in Norwegen festgestellte «Klimaverbesserung» im Unterricht und während der Pausen wurde bestätigt.

Bitter ist ein Fazit: Der Psychologe Reiner Hanewinkel, Leiter des Kieler Instituts für Therapie und Gesundheitsforschung, bemängelt klar ein fehlendes Interesse der Politik und des Kultusministeriums an diesen eindeutigen Befunden. Obwohl die Nachfrage nach den Fragebögen sowie die dritte Auflage des in deutscher Übersetzung erschienenen Olweus-Buches das Interesse an dem Programm zeigt und die positiven Veränderungen in den Schulen wissenschaftlich und in praktischer Erprobung belegbar sind, sieht er keinen Einfluss auf die Schulpolitik: Das Programm wurde, so Hanewinkel, schlicht ignoriert.[142] Er beklagt die Ignoranz als frustrierend und demotivierend für die einzelnen Schulen, die sich mit der Umsetzung des Programms befassten. Sie blieben auf sich allein gestellt. Der Nachteil habe vor allem in fehlenden systematischen Schulungen und Sensibilisierungen der Lehrer gelegen. Wer das Programm umsetzen möchte, sieht sich an jeder einzelnen Schule mit dem enormen Überzeugungsaufwand konfrontiert, der erforderlich ist, um Kollegen und Eltern die Wirksamkeit und den Nutzen für die eigene Schule zu verdeutlichen.[143]

Nordrhein-Westfalen (Viersen)[144]

In Nordrhein-Westfalen, speziell im Landkreis Viersen, ist die Erprobung der Anti-Bullying-Strategie gerade in vollem Gang. Der Weg zum Programm und die Einführung der Strategie in verschiedenen Schulen verliefen jedoch in zweierlei Hinsicht auf eine ganz andere Weise als in Schleswig-Holstein: Erstens gab es keine groß angelegte Unterweisung des Programms an mehreren Schulen gleichzeitig, sondern es war ein kontinuierlicher Prozess, in dem sich nach und nach immer mehr Schulen von den Vorteilen der Strategie überzeugen ließen. Eine wissenschaftliche Begleitforschung findet nicht statt. Zweitens besteht der große Unterschied darin, dass hier die Polizei mit ihren Kommissariaten Vorbeugung, die über den Themenschwerpunkt «Polizeilicher Jugendschutz» mit verschiedenen Fragestellungen der Gewalt zu tun haben, eine tragende Rolle bei der Vermittlung der Strategie an Schulen innehat.

Der Beginn

Im Kommissariat Vorbeugung der Polizei in Viersen häuften sich in den Jahren 1999/2000 die Anfragen von Eltern, Lehrern und Schulleitungen, die sich von dieser Stelle konkrete Hilfestellungen zum Problem Gewalt an Schulen erhofften. In Viersen wurde recherchiert, man stieß bald auf das positiv evaluierte Anti-Bullying-Programm aus Norwegen, das für die vorliegenden Schwierigkeiten Abhilfe zu versprechen schien, und das Programm wurde vom Kommissariat für eine konkrete Umsetzung im eigenen Landkreis aufgearbeitet. Grundlage waren dabei nicht nur die Veröffentlichungen von Olweus selbst, sondern auch der Leitfaden *Herausforderung Gewalt*, der vom «Programm polizeiliche Kriminalprävention (ProPK)» initiiert wurde.[145]

Die praktische Umsetzung begann zu Beginn des Jahres 2000, als das Kommissariat eine Anfrage des Erasmus-von-Rotterdam-Gymnasiums erhielt, wie man denn gegen versteckte Gewalt und Mobbing, insbesondere gegen überhand nehmende Ausfälligkeiten und Verleumdungen von Mädchen,[146] vorgehen könne. Das Kommissariat entschied sich daraufhin, der Schule die Anti-Bullying-Strategie vorzustellen. Dies erfolgte in mehreren Schritten, zunächst in einem interessierten Kreis aus Eltern und Lehrern, sodann vor dem gesamten Lehrerkollegium, der Schulkonferenz und schließlich noch einmal auf einem großen Elternabend, der die gesamte Aula des Gymnasiums ausfüllte. Bereits ein Jahr später, Anfang 2001, war die Anti-Bullying-Strategie vollständig ins Schulprogramm des Gymnasiums aufgenommen und wird dort seither mit großem Erfolg umgesetzt.

Bald darauf, mit Bekanntwerden der effektiven Wirkung, häuften sich die Anfragen im Kommissariat Vorbeugung, das Programm auch an anderen Schulen vorzustellen. Dieser Bitte kam man nach, indem das Programm bei Unterrichtsbesuchen in den Schulen, im Rahmen von Lehrerfortbildungen des Schulamtes Viersen, durch Vorträge vor dem Rat für Sicherheit und Vorbeugung der Stadt Viersen und der Stadt Willich, durch Information im Kreisjugendhilfeausschuss und viele Gespräche mit betroffenen Eltern, Lehrern und Schulleitungen bekannt gemacht wurde. Seit 2006 nutzen über 30 Prozent der Schulen im Landkreis Viersen, darunter alle Schulformen und auch beide Berufskollegs, diese Strategie.

Die Strategie

Bei der Vorstellung der Strategie an den Schulen und ihrer Einführung hat sich inzwischen ein bewährtes Vorgehen herausgebildet. Meist wird das Programm in einer pädagogischen Konferenz dem Kollegium vorgestellt, und es findet ein Elternabend zur Thematik statt. Entschließt sich die Schule zur Umsetzung der Strategie, wird ein entsprechender Beschluss in der Schulkonferenz gefasst und mit der Umsetzung im Schulalltag begonnen.

Wenngleich die Kernpunkte des Olweus-Programms beibehalten wurden, haben sich in Viersen einige Besonderheiten entwickelt, die es auf eine eigene Weise ergänzen. So wird den Schulen zum Beispiel freigestellt, ob sie die *Fragebogenaktion* durchführen wollen oder nicht. Obwohl sich auch hier die Erfahrung aus Schleswig-Holstein bestätigt, dass sich durch das Ausfüllen des Fragebogens eine größere Betroffenheit herstellen lässt, haben einige Schulen von dieser Durchführung aus verschiedenen Gründen abgesehen. Dies erscheint insbesondere dann möglich, wenn das Gewaltproblem an der Schule nicht in Frage gestellt wird und seine Existenz allgemein bekannt und allen im Bewusstsein ist.

Eine Erweiterung gegenüber dem Kernprogramm nach Olweus stellt die mögliche *Einbindung der Schüler über schriftliche Vereinbarungen* dar, die an einigen Schulen inzwischen regulär mit jedem neu aufgenommenen Schüler, insbesondere zu Beginn eines Schuljahres, geschlossen wird. Inhalt dieser Vereinbarung, die vom Schüler und seinen Eltern unterzeichnet wird, sind Kernpunkte des Verhaltens an der Schule.[147] So verpflichtet sich etwa der Schüler, Konflikte gewaltfrei zu lösen, niemanden zu mobben und keine Gerüchte zu verbreiten. Weiterhin verspricht er, gegen Gewalt und Mobbing einzuschreiten beziehungsweise Hilfe zu holen sowie anderen Schülern und Schülerinnen respektvoll und nachsichtig zu begegnen. Bereits durch diese Verpflichtung wird dem Schüler, aber auch seinen Eltern die Existenz dieser Regeln deutlich vor Augen geführt und die Einhaltung dieser Vereinbarung versprochen. Gleichzeitig kann mit dieser «Ratifikation der Anti-Bullying-Konvention» durch jeden neuen Schuljahrgang ein neuerliches, jährliches Vorstellen der Strategie an den Schulen entfallen.

Eine Neuerung im Kern der Strategie betrifft die *Verschriftlichung*. Das Originalprogramm, das im Falle eines Bullying-Ereignisses Einzelgespräche mit dem Täter und dem Opfer und gegebenenfalls deren Eltern vorsieht, wird hier um ein stärker formalisiertes Verfahren ergänzt. Ist es zu einem Vorfall gekommen, sollen sowohl Täter als auch Opfer das Ereignis aus ihrer Sicht zunächst schriftlich darstellen. Dies gibt beiden die Möglichkeit, ihre Sicht der Dinge darzulegen und relevante, schon länger zurückliegende Vorkommnisse, die mit dem aktuellen Ereignis zusammenhängen, in diesen Zusammenhang einzuordnen. Durch diese Verschriftlichung wird aber auch erreicht, dass sich Täter wie Opfer überlegen, was wirklich vorgefallen ist, da die Niederschrift eine größere Verbindlichkeit besitzt und schwieriger zu revidieren ist als etwa Inhalte eines aufgeregten Gesprächs sofort im Anschluss an das Vorkommnis.

Diese Art der Verschriftlichung wird von den beteiligten Schulen und Schülern als durchaus positiv eingeschätzt, da emotional aufgeladene Gespräche in der direkten Situation oftmals nicht als hilfreich empfunden wurden. In Grundschulen wird dieses Prinzip erfolgreich mit einem sehr einfachen Streitprotokoll durchgehalten, oder die Kinder werden aufgefordert, den Vorfall zeichnerisch darzustellen. Auch der Lehrer, der von dem aktuellen Ereignis Kenntnis erlangt, protokolliert kurz Datum, Uhrzeit, Ort und Beteiligte, und im Übrigen kann er auf die Schriftstücke von Täter und Opfer verweisen. Die Berichte der beiden Beteiligten gehen den Eltern zu mit der Bitte, zum Vorfall und zur Art des Umgangs der Schule damit schriftlich Stellung zu nehmen. Dies bietet den Vorteil der Einbeziehung der Eltern in das Ereignis. Sie erlangen Kenntnis darüber, was mit ihrem Kind passiert. Außerdem werden sie in die Problemlösung integriert und nehmen aktiv am Schulleben ihrer Kinder teil. Dieses Prinzip der Verschriftlichung wird an allen im Landkreis Viersen beteiligten Schulen umgesetzt. Dadurch werden die Einzelgespräche jedoch nicht ersetzt, sondern – je nach Lage des Falles – zusätzlich durchgeführt.

Unterschiede bestehen jedoch hinsichtlich der Reichweite, inwieweit *Eltern* einbezogen werden. Dies, so geben die Verantwortlichen an, liege sehr stark im Ermessen der Schule. So wird etwa an einigen Schulen auch auf das wechselseitige Zusenden der Schülerberichte an die Eltern verzichtet, weil damit auch schlechte Erfahrungen («sich streitende Eltern auf dem Schulflur») gemacht wurden. Bei den Berufskollegs etwa hat es sich als sehr nützlich erwiesen, wenn nicht (nur) die Eltern, sondern auch die jeweiligen Lehrherren vom Vorfall Kenntnis erlangen.

Generell wird der Begriff «Programm» durch den Ausdruck der Anti-Bullying-*Strategie* ersetzt. Dies hat, so die Verantwortlichen vom Kommissariat Vorbeugung, den Vorteil, insbesondere den Kollegien die Langfristaufgabe zu verdeutlichen. Gerade die Konzentration auf die Kernpunkte des Programms, die den Schülern die Grundbotschaft vermittelt: «Gewalt wird an dieser Schule nicht geduldet», bedeutete meist nur eine geringfügige, aber einheitliche und konsequente Verhaltensänderung auf Seiten der Lehrer und Lehrerinnen, die konsequent gegen Gewalt einschreiten.

Die Ergebnisse

Wenngleich die Erprobung im Landkreis Viersen nicht wissenschaftlich begleitet wird, gibt es dennoch aussagekräftige Ergebnisse aus der praktischen Erfahrung der Beteiligten. Aus Befragungen der Schulleitungen und Kollegien wird deutlich, dass die Gewaltproblematik tatsächlich spürbar reduziert wird und ein kompetenterer Umgang damit möglich ist, weil durch die Strategie dem Lehrerkollegium eine feste und einheitliche Handlungskompetenz gegeben ist. Auch Schüler und Eltern sehen nach Befragungen die Wirksamkeit und allgemeine Akzeptanz der Strategie. Ferner lassen sich auch hier die so genannten Klimaverbesserungen feststellen.

Ein wichtiges statistisches Ergebnis wurde auf einer Pressekonferenz des Innenministers des Landes Nordrhein-Westfalens vom Juli 2004 vorgestellt: Danach sank die Zahl der polizeilich erfassten Gewaltdelikte im Jahr 2003 gegenüber dem Vorjahr um 20 Prozent, was nicht nur eine gegenläufige Entwicklung im Vergleich zu anderen Regionen Nordrhein-Westfalens darstellte, sondern zugleich das beste Ergebnis im ganzen Bundesland war. Inwiefern der vom Innenminister behauptete Zusammenhang zwischen dem großflächigen Beginn der Programmimplementierung und dem statistischen Rückgang tatsächlich besteht, bleibt natürlich ohne wissenschaftliche Untersuchung fraglich.

Unbestritten sind jedoch die – mal kleineren, mal deutlich spürbaren – Verbesserungen im schulischen Alltag. Das «Modell Viersen» hat sich einen Stellenwert erarbeitet, der es zu einem Vorzeigemodell für ganz Nordrhein-Westfalen macht. Insbesondere auf polizeiinternen Fortbildungen für die Mitarbeiter und Mitarbeiterinnen der Kommissariate Vorbeugung kommt es zum Erfahrungsaustausch, der eine landesweite Einführung über die Polizei als Vermittlungsstelle wahrscheinlich und aussichtsreich macht.

Brandenburg

Für eine andere Art der Einführung der Anti-Bullying-Strategie hat sich der Landkreis Ostprignitz-Ruppin im Land Brandenburg entschieden. Nachdem die Strategie auf einer Fachtagung des Landespräventionsrats Anfang 2005 vorgestellt worden war, entschlossen sich schulische, politische und polizeiliche Entscheidungsträger im Landkreis zu einer gemeinsam getragenen Einführung der Strategie an den Schulen des Landkreises. Die Anti-Bullying-Strategie wird dabei sowohl vom Landespräventionsrat als auch vom Polizeipräsidium Potsdam, zu dessen Polizeibezirk der Landkreis gehört, als Pilotprogramm favorisiert. Von den hier gemachten Erfahrungen sollen später auch andere Landkreise profitieren können.

Anstoßveranstaltung zur Einführung der Strategie war der 2. Präventionstag des Kreises, auf dem vor den Schulleitungen, Lehrern und Lehrerinnen sowie interessierten Vertretern der Schüler- und Elternschaft das Programm sowohl aus der wissenschaftlichen wie auch aus der praktischen Perspektive vorgestellt wurde. Vor dieser Veranstaltung hatte es bereits Gespräche der Kommunalpolitik, teilweise getragen von kommunalen Präventionsgremien, über Ausmaß und Formen des Problems mit ausgewählten Schulleitungen gegeben, wobei ein allgemeiner Konsens mit dem tragenden Gedanken: «Es ist an der Zeit, etwas zu tun», festgestellt werden konnte. Es ist jeder Schule freigestellt, diese Strategie einzuführen, wenngleich mittelfristig eine flächendeckende Einführung im Landkreis angestrebt wird.

Die Koordination geschieht über den Sicherheits- und Präventionsberater beim Landkreis, eine Stelle, die mit der Polizeistrukturreform 2002 bei der Polizei für die Landkreise zur Organisation der Kommunalen Kriminalitätsverhütung neu geschaffen wurde. Anders als in Viersen sollen hier von Anfang an die Multiplikatoren für die Programmimplementierung aus den Reihen der Lehrerkollegien kommen. Sie werden – und hier gibt es Ähnlichkeiten zum Vorgehen in Schleswig-Holstein – in zentralen Workshops zu dem Programm, seinen Kernpunkten («Klassenregeln und Sanktionsmöglichkeiten») sowie zu möglichen Erweiterungen und Methodenfragen («Mediation und Streitschlichtung», «Konfliktmanagement») geschult, bevor sie selbst das Programm in ihren Schulen gemeinsam mit dem Lehrerkollegium umsetzen und in anderen Schulen vorstellen. Wie sich dieses Vorgehen bewährt, bleibt abzuwarten. Im Jahr 2006 beginnen zweiundzwanzig Schulen (rund 50 Prozent der Schulen des Landkreises) mit der Umsetzung des Interventionsprogramms.

Schlussfolgerungen

Zusammenfassend betrachtet, ist die praktische Umsetzung wirksam, wenn auch mit unterschiedlicher quantitativer und qualitativer Ausprägung. Der vorgegebene, recht allgemeine Handlungsleitfaden für die Schule gibt nur ein Rahmenprogramm vor, das selbst gefüllt werden muss. Dabei sind, wie die unterschiedlichen Erfahrungsberichte zeigen, viele Arten der Umsetzung denkbar. Auch eine Integration vorhandener Präventionsbemühungen in die allgemeine Anti-Bullying-Strategie erscheint möglich. Als «Knackpunkt» in der Umsetzung erweist sich jedoch oftmals nicht die spezifische Programmgestaltung, sondern die Tatsache, dass von allen Beteiligten Durchhaltevermögen, Engagement und Konsequenz –

und insbesondere in den Lehrerkollegien Konsensfähigkeit und Kooperation – gefordert werden.

Oftmals vorgetragene Bedenken, hier komme mit dem Anti-Bullying-Ansatz einfach «noch ein weiteres Projekt» hinzu, lassen sich hoffentlich nicht als genereller Trend einer gewissen Müdigkeit im Hinblick auf Präventionsbemühungen an den Schulen verstehen. Diese Vorbehalte verstellen den Blick darauf, dass es sich hier gerade nicht um ein weiteres fortbildungsintensives «Projekt» mit einem festen Curriculum handelt, sondern vielmehr um eine einheitliche und konsequente Strategie an der Schule, die – so zeigt das Beispiel in Viersen – mit wenig Aufwand dauerhaft in den Schulalltag integriert werden kann. Das negative Fazit aus Schleswig-Holstein sollte nicht als Argument für eine Verweigerung begriffen werden: Selbstverständlich trifft die Kritik einen wichtigen Kern – und es wäre tatsächlich an der Zeit, auf politischer Ebene und in der zukünftigen Ausbildung von Pädagogen ein solch wirksames Programm in seiner Bedeutung zu erfassen und in Praxis und Ausbildung zu integrieren.

Ein weiterer Punkt soll nicht unerwähnt bleiben: Ohne die bundesweiten Bemühungen der Polizei um präventive Strategien würde es diese Veränderungen in den Schulen kaum geben. Diese Bemühungen sind außerordentlich verdienstvoll und können nicht hoch genug eingeschätzt werden. Die Polizeibeamten engagieren sich häufig mit hohem persönlichen und zeitlichen Einsatz, um die Gewalt an Schulen zurückzudrängen. Sie kennen die wirksamen Präventionsstrategien (häufig auch in anderen Bereichen der Stadtteilarbeit).

Ohne die Polizei würden kommunale Präventionsgremien in Deutschland vielerorts in der Bedeutungslosigkeit verschwinden und sich auflösen. An den Fortbildungsinstituten der Länderpolizeien finden wir mit unseren Forschungen zur wirksamen Gewaltprävention an Schulen Gehör, an Kultusministerien scheint kein und an Schulen nur wenig Interesse zu bestehen. Wenn Schulen sich dem Problem widmen, ist die Situation nicht selten schon problematisch, und die Gewaltvorfälle lassen sich kaum noch vor der Öffentlichkeit verbergen. Hier wird aus verschiedenen Gründen ein Umdenken gerade der Pädagogen und der Kultusministerien notwendig. In die Ausbildung künftiger Pädagogen und an den Schulen müssten diese Strategien prinzipiell viel stärker berücksichtigt werden. Die Polizei ist hier weder von ihren Kapazitäten noch von ihrer Kernaufgabe her die richtige Institution, um Schüler sozial angemessenes Verhalten zu lehren.

Teil III

Umsetzung in der Praxis: Erfolgsbedingungen von Mehr-Ebenen-Programmen zur Gewaltprävention

von Thomas Grüner

Die folgenden Ausführungen beruhen auf jahrelangen Erfahrungen mit Lehrern und Schülern aller Schultypen und Jahrgangsstufen. Alle Methoden haben sich auch unter schwierigsten Bedingungen, beispielsweise an Brennpunktschulen, bewährt.

Das nachhaltige Gelingen gewaltpräventiver Maßnahmen hängt davon ab, ob diese so in den Alltag einer Schule eingebettet werden können, dass sie den Status des Besonderen verlieren. Solange eine Schule ein Projekt «hat» oder «macht», ist die Arbeit in Gefahr, wie folgender Beitrag eines Lehrers im Rahmen eines Pädagogischen Tages deutlich macht: «Projekte, Projekte, Projekte! Ich kann es bald nicht mehr hören. Was glauben Sie denn, wie viele Projekte wir schon hatten?» Projekte werden als etwas erlebt, was zusätzlich zum normalen Schulalltag gemacht werden muss, und werden damit als zusätzliche Anstrengung empfunden. Da der Schulalltag schon anstrengend genug ist, besteht die Gefahr, dass Projekte nicht durchgehalten werden.

Projekte kommen und gehen, der Schulalltag bleibt. Und mit ihm die Konflikte, mit denen sich die Lehrerinnen und Lehrer jeden Tag herumärgern müssen. Da diese Auseinandersetzungen täglich vorkommen, nicht zu vermeiden sind und als belastend empfunden werden, kann Gewaltprävention langfristig gelingen, wenn sie diese aufgreift und Lösungen dafür anbietet.

Zum Besonderen zählt auch der Begriff «Gewalt». Er ist negativ besetzt und wird meist mit außergewöhnlichen oder schweren Formen verbaler und körperlicher Angriffe oder Eigentumsdelikten gleichgesetzt. Da eine Schule in Gefahr gerät, einen schlechten Ruf zu bekommen, wenn es dort Gewalt gibt, werden gewaltpräventive Maßnahmen häufig mit dem Argument «Wir haben kein Problem mit Gewalt» abgelehnt. Dass es an Schulen jeden Tag Konflikte gibt, kann jeder akzeptieren.

Für Schulen sind gewaltpräventive Maßnahmen dann interessant, wenn sie auf den Begriff «Gewalt» verzichten und im Umgang mit den alltäglichen Konfrontationen Entlastung anbieten. Im nächsten Schritt geht es darum, diese alltäglichen Konflikte zu identifizieren, zu klassifizieren und mit passgenauen Methoden zu bearbeiten.

Regeln des Zusammenarbeitens

Auf die Frage an die Schüler einer Klasse, wann sie sich denn in der Schule wohl fühlen, kommen immer wieder folgende oder ähnliche Antworten: «Ich fühle mich in der Schule wohl, wenn ich die Lehrer nerven kann!» Und eine kleine Gruppe von Schülern bezeichnete sich einmal als «Fun-Zentrale auf dem Weg ins Chaos!». Solche «Fun-Zentralen» gibt es in vielen Schulklassen. Schüler verhalten sich nicht nur gegenüber anderen Schülern aggressiv, respektlos und grenzüberschreitend, sondern auch gegenüber Lehrerinnen und Lehrern. Gleichzeitig nehmen sich einzelne Schüler immer wieder das Recht heraus, Mitschüler vom Lernen abzuhalten, indem sie den Unterricht verbal oder nonverbal stören. Dies wird von den Mitschülern als verletzend und störend empfunden. Auf die Frage, was sie am Verhalten der Mitschüler ärgert, antworten viele: «Dass ich mich nicht konzentrieren kann, weil es zu laut ist. Wenn jeder dazwischenredet. Dass meine Mitschüler im Unterricht reden. Laute Geräusche. Dass manche im Unterricht rumlaufen. Grimassen und Gesten. Dass manche nicht aufpassen. Dass immer reingerufen wird. Dass die Lehrerin immer die Aufgaben unterbrechen muss. Dass herumgeschrien wird. Dass nicht alle immer pünktlich sind. Wenn man etwas Falsches sagt, lacht die ganze Klasse.»

Die Ursachen für diese provozierenden Verhaltensweisen sind vielfältig. Teilweise wachsen Schüler in einem Umfeld auf, das Aggressionen und Gewalt fördert. Teilweise fördern die Schulen selbst unnötig Aggressionen durch mangelhafte Unterrichts- und Erziehungsqualität. Aber auch guter Unterricht kommt nicht umhin, das Freiheits- und Spaßbedürfnis der Schüler einzuschränken, ihnen Frustrationserlebnisse zuzumuten und Anstrengungsbereitschaft einzufordern. Wenn den dadurch entstehenden herausfordernden Reaktionen im Unterricht kein Einhalt geboten wird, wird die Gewalt an der Schule auf allen Ebenen zunehmen.

Immer wieder gibt es im Zusammenhang mit dem Begriff «Gewaltprävention» das Missverständnis, dass damit nur verletzendes Verhalten der Schüler untereinander und insbesondere Bullying gemeint ist. Gewalt beginnt jedoch im Unterricht und muss dort auch als Erstes bekämpft werden. Wenn Schüler ihre Lehrer und Mitschüler im Unterricht respektlos behandeln oder das Recht auf störungsfreien Unterricht verletzen, muss reagiert werden. Gefragt sind klare Regeln, Rituale, Normen und Werte, die von allen Lehrern einer Klasse jeden Tag in jeder Unterrichtsstunde angewandt und durchgesetzt werden.

Wenn die Schüler spüren, dass im Unterricht auf Regelverletzungen und Grenzüberschreitungen reagiert wird, wenn sie sehen, dass sich die Lehrer in der Klasse schützend vor Schwächere stellen, und wenn sie sich darauf verlassen können, dass es Konsequenzen hat, wenn ein Lehrer oder Mitschüler im Unterricht psychisch, körperlich oder in seinen Eigentumsrechten verletzt wird, dann wird jeder Form von Bullying der Boden entzogen. Wichtig ist die innere Verpflichtung aller, den Unterrichtsalltag als Trainingsraum für soziale Kompetenzen zu nutzen. Nachhaltig wirkungsvolle Gewaltprävention findet im ganz normalen Unterricht statt. In jeder Unterrichtsstunde gibt es eine Vielzahl von Möglichkeiten, gewaltpräventiv zu wirken. Dabei sind folgende Erfolgsbedingungen zu berücksichtigen:

Erziehungsverantwortung annehmen

Schule muss erziehen wollen. Solange der Erziehungsauftrag als Zumutung empfunden und dem Bildungsauftrag untergeordnet oder gar geopfert wird und damit nur ein Lippenbekenntnis ist, werden die gemeinsame Wertevermittlung und die Arbeit an einheitlichen Regeln zum Scheitern verurteilt sein. Notwendig ist eine Haltungsänderung. Bestimmte Arbeitshaltungen und ein störungsfreier Unterricht sind das Fundament, auf dem Bildung ruht. Wer effektiv unterrichten möchte, muss dafür sorgen, dass der Unterricht nicht gestört wird und ein Gesprächsklima entsteht, in dem jeder ungestört zu Wort kommen kann. Schüler müssen sich in ihrer Klasse wohl fühlen und respektiert werden. Es gibt gegenüber Heranwachsenden nur eine Aufgabe: Erziehung. Und Bildung gehört dazu. Bildung ist integraler Bestandteil von Erziehung und nichts Separates.

Frühzeitig reagieren

In einer Teamsitzung zeigte sich eine Lehrerin geschockt über das Verhalten ihrer Klasse und berichtete, vor wenigen Tagen hätten obszöne Beleidigungen über sie an der Tafel gestanden, «garniert» mit entsprechenden «Zeichnungen». Sie war schwer gekränkt und zutiefst enttäuscht von ihren Schülern. Im weiteren Gespräch zeigte sich, dass sie bisher über Provokationen hinweggeschaut hatte, obwohl sie innerlich wütend darüber war. Sie lebte in dem Glauben, ihre Schüler gäben ihr aggressives Verhalten von alleine auf, wenn sie nicht darauf reagiere. Am Ende sagte sie den Satz: «Wissen Sie, ich bin halt tolerant!» Als die Klasse zu dem Vorfall befragt wurde, meldete sich ein Schüler: «Wir wollten eben wissen, wie weit wir gehen können!»

Es ist das gute Recht der Heranwachsenden zu testen, wie weit sie gehen können. Und die Aufgabe der Erwachsenen besteht darin, diesen Aggressionen so frühzeitig Grenzen zu setzen, dass sie in einem für alle erträglichen Rahmen bleiben. Kinder und Jugendliche fordern Grenzen und Regeln ein, denn diese geben Sicherheit, Orientierung und Halt. Zu glauben, man könne sich diese anstrengende Arbeit ersparen, ist eine Illusion. Wegschauen hilft nicht. Falsch verstandene Toleranz fördert Gewalt. Wenn es die Lehrer nicht schaffen, den Provokationen der Schüler Einhalt zu gebieten, neigen die Schüler auch untereinander zu grenzenloser Aggressivität. Nur in einem Klima des Wegschauens, der emotionalen Vernachlässigung, der mangelnden Erziehungsverantwortung und der Permissivität, die Schülern alles durchgehen lässt, kann Bullying entstehen und «aufblühen».

Standhaft bleiben

Wenn von Schülern ein bestimmtes Verhalten auf eindeutige und überprüfbare Weise eingefordert wird, etwa über Regeln oder Verhaltensanweisungen, dann gilt es standhaft zu bleiben und zwischen Verhandeln und Erklären zu unterscheiden. Die Regeln dürfen erklärt, aber nicht verhandelt werden. Eine verhandelbare Grenze ist keine. Aus der Sicht der Schüler sind Lehrer, die dem Druck der Schüler immer wieder nachgeben, schwach und erpressbar. Gegenüber solchen Lehrern verlieren die Schüler jeden Respekt und verhalten sich in der Folge nicht nur den Lehrern gegenüber, sondern auch gegenüber den Mitschülern zunehmend respektlos.

Prosoziales Verhalten anerkennen

Gute Fachleistungen werden an Schulen im Rahmen guter Noten ganz selbstverständlich anerkannt und bestätigt. Niemand behauptet, eine gute Note sei bedenklich, weil sie den Schüler verwöhnt, konditioniert, dressiert, manipuliert und ihn seiner intrinsischen Motivation beraubt. Bei der Anerkennung von sozialen Leistungen sieht es leider anders aus. Dort findet man diese Argumente zuhauf. Viele tun sich schwer damit, prosoziales Verhalten oder die Einhaltung von Regeln und Normen zu würdigen. Meistens wird damit argumentiert, was von den Schülern verlangt werde, sei normal und nur natürlich. Wenn dies zuträfe, bräuchte es keine Regeln. Für Schüler ist das normal, was sie üblicherweise machen – wenn wir sie lassen. Wenn eine Regel notwendig ist oder bestimmte Verhaltensweisen eingefordert werden müssen, kann es sich dabei unmöglich um selbstverständliches, normales und eigenmotiviertes Verhalten handeln. Deshalb wurde auch noch nie an einer Schule die Regel aufgestellt: «Ich gehe pünktlich in die Pause!» In die Pause zu gehen, ist eigenmotiviertes Verhalten. Pünktlich aus der Pause zurückzukommen, ist da schon schwerer. Auch soziales Verhalten ist eine Leistung, die Anerkennung wert ist.

Manchmal heißt es auch: «Also dafür hab ich nun wirklich keine Zeit. Ich hab schon genug damit zu tun, mich um die Störenfriede zu kümmern. Jetzt soll ich mich auch noch um die bemühen, die sich gut verhalten!» Die sozial kompetenten Schüler sehen das anders: «Das ist so gemein! Dass ich mich seit Wochen an die Regeln halte und im Unterricht ruhig bin, sieht überhaupt niemand. Um die Lauten kümmert sich die Lehrerin jeden Tag, und ich geh leer aus. Mir reicht's. Ich hab auch wieder angefangen zu reden.» Schüler brauchen die Beachtung durch die Lehrer. Wenn positivem Verhalten keine Aufmerksamkeit geschenkt wird, bleibt leistungsschwachen Schülern nichts anderes übrig, als mit auffälligem Verhalten das Interesse auf sich zu lenken. Die leistungsstarken Schüler können das Zuwendungsdefizit zur Not über die guten Noten kompensieren.

Die meisten Schulen fokussieren sich viel zu sehr auf die Frage, was geschehen soll, wenn Schüler Regeln verletzen und sich destruktiv verhalten. Die Frage, was geschieht, wenn Schüler die Regeln einhalten und sich prosozial verhalten, bleibt meistens unbeantwortet. Eine der wichtigsten Maßnahmen zur Gewaltprävention besteht darin, gewaltfreies und regelkonformes Verhalten durch Aufmerksamkeit und Anerkennung zu fördern – konsequent, berechenbar und transparent. Auch dies ist kein Projekt oder eine Sondermaßnahme, sondern sollte selbstverständlicher Bestandteil der täglichen pädagogischen Praxis einer Schule sein. Schulen, die der Anerkennung von Sozialleistungen genauso viel Raum geben wie der Anerkennung von Fachleistungen, geben ihren Schülern eine zusätzliche Möglichkeit, Erfolgserlebnisse zu sammeln und damit selbstwertstärkende Erfahrungen zu machen, die gewaltpräventiv wirken.

Das Beenden unerwünschten Verhaltens nicht belohnen

Wenn bestimmte Verhaltensweisen von Schülern sehr störend sind, ist es verlockend, eine Belohnung in Aussicht zu stellen, wenn sie es beenden. Beispielsweise: «Wenn ihr jetzt ruhig seid und aufhört, unter den Bänken Briefchen zu schreiben, machen wir fünf Minuten früher Schluss!» Was für diese eine Stunde funktioniert, wird in der nächsten zum Problem. Um eventuell wieder in den Genuss einer Belohnung zu kommen, stören die Schüler wieder. Wer das Beenden von unsozialem Verhalten belohnt, zwingt Schüler dazu, Regeln zu verletzen. Es darf immer nur das gewünschte Verhalten belohnt werden, nicht das Beenden des unerwünschten.

Ausnahmen ankündigen

Für den Erfolg einer Regel oder einer Grenze ist entscheidend, wie schnell und wie verlässlich auf Verstöße reagiert wird. Dieses Grundprinzip wird häufig verletzt, da mit der Reaktion so lange gewartet wird, bis es entweder unerträglich wird oder bis etwas Schlimmes passiert ist. Zwei Beispiele sollen dies verdeutlichen:

> *Beim Schneeballwerfen an einer Schule kam es immer wieder zu Verletzungen, da der Schneeball bei wenig Schnee auch Steine enthielt. Um dies zu verhindern, wurden überall an der Schule Plakate aufgehängt, die das Schneeballwerfen untersagten. Reagiert wurde aber erst, als es erneut zu einer blutenden Wunde kam. All die vielen Male, in denen nicht reagiert wurde, bevor es zu dem erneuten Vorfall kam, wurde von den Schülern als unangekündigte Ausnahme erlebt und damit als Erlaubnis, Schneebälle zu werfen.*

Wenn Lehrer in Schulklassen mit Ruheregeln arbeiten, ist immer wieder folgendes Phänomen zu beobachten: Nach dem Einsatz der Regel ist es zunächst ruhig. Aber schon nach kurzer Zeit beginnen zwei Schüler ganz leise miteinander zu flüstern. Der Lehrer bemerkt zwar das Flüstern, fährt aber mit dem Unterricht fort, da er seine Erklärung nicht unterbrechen möchte. Zwei Mitschüler registrieren aufmerksam, dass die Verletzung der Ruheregel für diejenigen, die mit dem Flüstern begannen, keine Konsequenzen hat. Sie beginnen ebenfalls zu flüstern. Da es immer noch so leise ist, dass sich der Lehrer nicht gestört fühlt, reagiert er weiterhin nicht. Weitere Schüler beginnen zu reden. Die Lautstärke nimmt zu. Irgendwann erreicht sie den Punkt, an dem sich der Lehrer in seinem Unterricht doch gestört fühlt oder die Lautstärke weiteres Unterrichten unmöglich macht. Jetzt erst reagiert er. Dieses späte Reagieren hat mehrere Nachteile. Erstens ist die Gefahr groß, dass der Lehrer richtig wütend über den Lärm ist und vielleicht unverhältnismäßig heftig und auf eine für die Schüler verletzende Art reagiert. Zweitens muss er sich jetzt jemand «herauspicken», der dies als ungerecht empfindet, denn die anderen haben ja auch geredet. Und drittens hat die ganze Klasse gesehen, dass der Lehrer eine Menge unangekündigter Ausnahmen macht, bevor er reagiert, was gleichbedeutend mit der Erlaubnis zum Reden ist.

Für die Schüler ist die Sache in beiden Fällen klar: Es gibt unangekündigte Ausnahmen! Die Frage ist nur, wann es die nächste gibt. Es werden zwangsläufig Grenzen getestet und Regeln verletzt, um herauszufinden, wann wieder eine Ausnahme gemacht wird. Unangekündigte Ausnahmen verführen Schüler dazu, Grenzen zu überschreiten und Regeln zu verletzen. Ob auf einen Regelverstoß reagiert wird, sollte nicht davon abhängig gemacht werden, ob etwas Schlimmes passiert ist oder ob man sich persönlich gestört fühlt, sondern einzig und allein davon, ob es einen Regelverstoß gab oder nicht.

Bei angekündigten Ausnahmen sieht es anders aus. Da könnte der innere Dialog eines Schülers vielleicht folgendermaßen aussehen: «Ach so. Es gibt also Ausnahmen. Aber nur, wenn sie vorher angekündigt werden. Wenn der Lehrer nichts sagt, kann ich mich darauf verlassen, dass es keine Ausnahme gibt und er auf jeden Regelverstoß reagieren wird.»

Nicht «zutexten» – die Konsequenzen sprechen lassen

Viele Lehrer versuchen, Schüler zu Verhaltensänderungen zu bewegen, indem sie schimpfen, drohen, ins Gewissen reden, Besserung versprechen lassen, Reue verlangen, Einsicht einfordern, an die Vernunft appellieren oder ihre Wut zeigen («Jetzt reicht's mir aber, verdammt noch mal!»). Die Schüler nennen diese Verhalten «zutexten». Aus ihrer Sicht ist es nichts als heiße Luft. Der Einzige, der dabei etwas tun und sich anstrengen muss, ist der Lehrer. Sie selbst müssen nur auf «Durchzug» stellen. Dabei mangelt es ihnen nicht an Einsicht oder Vernunft, aber sie haben eben andere Interessen. Schüler wollen auch unter allen Umständen ihr Gesicht wahren. Auch wenn sie etwas einsehen, dürfen sie es nicht zugeben oder zeigen. Ob eine Einsicht handlungsleitend wird, hängt weniger von der Einsicht selbst ab, sondern von den Folgen, die es hat, wenn gegen die eigene Erkenntnis gehandelt wird. Dies ist einer der Gründe, warum unzählige Menschen trotz besseren Wissens bei Rot über die Fußgängerampel laufen, als Autofahrer aber eine rote Ampel respektieren. Was zählt, ist die persönliche Konsequenz, die es hat, wenn Grenzen überschritten, Gewalt angewendet oder Regeln verletzt werden.

Aggressivem Verhalten die Aufmerksamkeit entziehen

Aggressives Verhalten lohnt sich, sonst käme es nicht vor. Im Unterricht beispielsweise hat es folgende Vorteile: Die Lehrerin wendet sich dem Schüler zu. Er erhält Aufmerksamkeit. Er hat das Gefühl, man kümmere sich um ihn, in diesem Moment bekommt er Bedeutung und kann sich wichtig fühlen. Wenn es einen Wettbewerb darum gibt, wer die Lehrerin am schnellsten auf «Betriebstemperatur» bringt, steigt er dadurch in der Hierarchie der Jungen nach oben. Nicht zu vergessen ist der Spaßfaktor. Andere zu ärgern, ist eine lustvolle Tätigkeit. Wenn die Geärgerte wie eine Rakete «abgeht», ist dies immer wieder ein gern gesehenes Schauspiel. Und in der ganzen Zeit fällt der anstrengende Unterricht aus.

Diese Rechnung darf für die Schüler unter keinen Umständen aufgehen. Aggressives Verhalten darf sich nicht lohnen. Dieses Prinzip kann nur dann durchgesetzt werden, wenn Schüler, die das Recht auf störungsfreien Unterricht verletzen, eine Auszeit erhalten. Das heißt, sie dürfen vorübergehend nicht mehr aktiv am Unterricht teilnehmen.

Es gibt standardisierte Auszeitmodelle wie das «Arizona-Projekt» oder das «Trainingsraum-Modell»: Hier gehen Schüler, die eine Auszeit erhalten haben, in einen eigens dafür zur Verfügung gestellten, betreuten Raum, reflektieren ihr Verhalten und füllen einen Rückkehrplan aus. Es gibt aber auch Schulen mit einem eigenständigen Auszeitraumkonzept, die beispielsweise ohne Rückkehrplan arbeiten. Wenn eine Schule über keinen Auszeitraum verfügt, braucht es andere Lösungen, die dann je nach Bedarf in Anspruch genommen werden können. Hier nehmen Schüler ihre Auszeit im Klassenzimmer hinter einem Paravent. Die rezeptive Teilnahme am Unterricht ist dann weiterhin möglich. Oder sie verbringen die Auszeit in einer anderen Klasse, im Rektorat, beim Schulsozialarbeiter oder beim Beratungslehrer.

Es gibt keine Alternative zur Auszeit. Ohne funktionierendes Auszeitmodell sind die Lehrer dem störenden Verhalten der Schüler hilflos ausgeliefert, wenn diese ihr Verhalten nicht ändern können oder wollen. In diesem Fall haben die Schüler «das Sagen» im Unterricht, weil jeder Schüler mit störendem Verhalten die Aufmerksamkeit der Lehrer erzwingen kann. Die Lehrer werden zur Marionette der Klasse. Die Entscheidung darüber liegt in der Hand der Lehrer. Wenn unsozialem Verhalten Aufmerksamkeit geschenkt wird, wird unsoziales Verhalten zunehmen. Wenn sozialem Verhalten Aufmerksamkeit geschenkt wird, wird soziales Verhalten zunehmen.

Die Ablehnungsfalle vermeiden

Werden Schüler bestraft, wenn sie eine Auszeit erhalten? Beides ist möglich. Eine Auszeit kann sowohl bestrafend als auch nichtbestrafend eingesetzt werden. Entscheidend ist nicht die Auszeit an sich – und dies gilt auch für alle anderen Konsequenzen –, sondern die Art und Weise, wie die Auszeit gegeben wird und wie anschließend mit dem Schüler weitergearbeitet wird.

Auszeit darf nicht mit Ablehnung, Ausgrenzung, Abschiebung oder Liebesentzug verbunden werden. Mit der Auszeit wird durch einen Situationswechsel eine Musterunterbrechung herbeigeführt. Wenn Schüler in ihren eigenen Verhaltensmustern gefangen sind, tut es ihnen gut, wenn ihnen die Lehrer die Gelegenheit geben, aus diesen eskalierenden und destruktiven Spiralen auszusteigen. Wenn dies wertschätzend geschieht, erleben dies die Schüler als Gelegenheit, sich selbst zu beruhigen. Die Auszeit ist ein Hilfsangebot und geschieht in voller Wertschätzung der inneren Zustände des Betreffenden, aber das störende Verhalten wird abgelehnt: «Dass dir gerade langweilig ist und du ein bisschen Spaß haben möchtest und deinem Nachbarn etwas Wichtiges zu erzählen hast, ist alles okay – aber nicht auf unsere Kosten. Mit deinem Verhalten schadest du der Gemeinschaft. Du verletzt unser Recht auf störungsfreien Unterricht.»

Es geht darum, einzelne Verhaltensweisen abzulehnen, nicht den Schüler. Die Kritik am Verhalten darf nicht zu Kritik an der Person werden. Wer sich von der Wut über das Schülerverhalten davontragen lässt und die Person angreift, geht in die Ablehnungsfalle. In diesem Fall wird nicht nur ein bestimmtes Verhalten abgelehnt, sondern die ganze Person schlecht gemacht. Die folgenden Aussagen zählen eher zu den harmloseren Beispielen, wie Schülern das Gefühl vermittelt wird, zurückgewiesen zu werden: «Du bist unmöglich» (statt: «Du verhältst dich nicht korrekt»). «Du nervst» (statt: «Es ärgert mich, dass du die Ruheregel nicht einhältst»). «Du machst mich krank. Wie kann man nur so frech sein. Du fliegst gleich raus. Noch ein Mucks, und ich schmeiß dich raus. Ich kann deine Anwesenheit nicht mehr ertragen» (statt: «Ich kann dein Verhalten nicht länger dulden»). «Geh mir aus den Augen. Ich bin froh, wenn ich dich nicht mehr sehen muss. Hau ab. Verschwinde.»

Manche Lehrer glauben, dass sie ihre Wut nicht mehr ausdrücken oder sich nicht mehr authentisch verhalten dürfen, wenn sie zwischen Person und Verhalten trennen. Dies ist ein Irrtum. Die Wut muss sich auf das verletzende Verhalten beschränken. Sie darf nicht über das Ziel hinausschießen und selbst verletzend werden. Sonst wird den Schülern Gewalt angetan. Es geht nicht darum, ob man eine Klasse im Griff hat. Es geht darum, ob man dazu einen autoritären und bestrafenden Erziehungsstil benötigt oder ob man das Ziel auch mit einem konsequenten und gleichzeitig wertschätzenden Erziehungsstil erreicht, dessen Hauptmerkmal die konsequente Trennung von Person und Verhalten ist.

Die Verständnisfalle vermeiden

Die Verständnisfalle ist das Gegenteil der Ablehnungsfalle. Während bei der Ablehnungsfalle die Ablehnung bestimmter Verhaltensweisen auch zur Ablehnung der Person führt, wird bei der Verständnisfalle nicht nur der Person mit ihrer Geschichte, ihren Gefühlen und Bedürfnissen Verständnis entgegengebracht, sondern auch dem daraus resultierenden destruktiven Verhalten.

Wenn ein Schüler gewalttätig wurde, fragt man ihn meistens: «Warum hast du das gemacht?» Wir wollen die Gründe für ein Verhalten erfahren, damit wir es besser verstehen können. Und das ist auch in Ordnung. Dabei besteht jedoch die Gefahr, aus dem Verständnis für die Motive und Ursachen der Tat Verständnis für die Tat selbst zu zeigen. Weil wir die berechtigte Wut sehen, gestehen wir auch dem aggressiven Verhalten seine Berechtigung zu: «Also, dass du da schrecklich wütend warst, kann ich gut verstehen. Da kann einem schon mal die Hand ausrutschen. Eigentlich wolltest du ihn ja gar nicht verletzen. Du bist halt erschrocken. Im Grunde genommen hast du dich ja nur gewehrt!»

Wird auf Gewalthandeln mit Verständnis reagiert, entschuldigt man aus der Sicht des Betroffenen sein aggressives Verhalten. Aber nur wenn wir Heranwachsende die Folgen ihres Verhaltens selbst tragen lassen und ihnen die Konsequenzen ihres Handelns zumuten, werden sie stark und belastbar. Wir dürfen ihnen nicht alles abnehmen. Unsoziales Verhalten darf nicht übersehen, verharmlost, entschuldigt und geduldet werden, auch wenn man noch so viel Verständnis für die Ursachen des Verhaltens und für die Gefühle und Bedürfnisse der Kinder und Jugendlichen hat. Wir dürfen Verständnis für Gedanken, Gefühle und Bedürfnisse haben, aber nicht für unsoziales Verhalten.

Hilfe statt Strafe

Viele Schulen arbeiten mit Schulstrafen. Dazu zählt beispielsweise das so genannte Nachsitzen, bei dem Schüler zusätzliche Zeit in der Schule verbringen müssen. Diese Maßnahme führt selten zum gewünschten Erfolg, und das hat mehrere Ursachen. Erstens kann der Verhaltensdruck, der damit beim Schüler erzeugt wird, nur unter einer Voraussetzung zum Erfolg führen: Der Schüler könnte sich sozial verhalten, will aber nicht. Schulstrafen gehen von der Tatsache aus, ein Schüler verfüge über die inneren und äußeren Umweltbedingungen, die ihm das entsprechende Reagieren ermöglichen. Diese Annahme trifft in vielen Fällen jedoch nicht zu. Viele Schüler würden sich gerne an Regeln halten, verfügen aber nicht über die biopsychosozialen Ressourcen dafür. In diesen Fällen werden die Ordnungs- und Disziplinarmaßnahmen der Schule zu Recht als demütigende Strafe empfunden, da der Schüler keine Chance hat, sein Auftreten wirklich zu ändern. Zweitens erzeugt Druck häufig Gegendruck.

Viele Schüler reagieren trotzig auf Schulstrafen und werden noch aggressiver. Und drittens versammeln sich beim Nachsitzen häufig Schüler mit denselben sozialen Problemen, die sich gegenseitig in ihren problematischen Verhaltensweisen eher bestärken.

Wenn Schüler im Unterricht häufig Gewalt anwenden, indem sie sich gegenüber Mitschülern und Lehrern respektlos zeigen oder das Recht auf störungsfreien Unterricht verletzen, und wenn nach einer längeren Erprobungsphase ersichtlich wird, dass sie sich zwar anstrengen, sich selbst aber nicht kontrollieren können, sollten ihnen Hilfsangebote gemacht werden. Sie erhalten beispielsweise mehr Auszeiten im Klassenzimmer, wo sie dem Unterricht passiv folgen können, also einen speziellen Platz, oder schnellere Anerkennung für regelkonformes Verhalten. Mit der Annahme einer Anerkennung wird das Erwartungssystem des Gehirns aktiviert, das unter anderem mit dem Ausstoß des Botenstoffs Dopamin reagiert. Dopamin fördert zielgerichtetes Verhalten. Aufmerksamkeit und Anstrengungsbereitschaft nehmen zu. Dies ist insbesondere auch für Schüler mit ADS (Aufmerksamkeits-Defizit-Syndrom) bedeutsam, da als Ursache für diese hyperkinetische Störung ein Mangel an Dopamin vermutet wird.

Für manche Schüler ist es auch hilfreich, wenn sie sich selbst Auszeiten nehmen dürfen, bis sie wieder in der Lage sind, sich an die Spielregeln einer sozialen Gemeinschaft zu halten. Innerhalb der Auszeit dürfen sie nach Möglichkeit den Aktivitäten nachgehen, die sie ruhiger werden lassen. Diese klasseninternen Maßnahmen können je nach Ressourcen einer Schule noch durch eine Vielzahl weiterer interner oder externer Hilfsangebote ergänzt werden. Beispielsweise durch Vorschläge der Schulsozialarbeit oder durch speziellen Förderunterricht, der Über- oder Unterforderungen ausgleicht. Alle Angebote sollten in Abstimmung mit den Erziehungsberechtigten erfolgen, und auch den Schülern muss die Sonderbehandlung erklärt werden, damit sie diese Maßnahmen nicht als ungerechte Bevorzugung erleben.

Versöhnungsgesten anbieten

Beziehungen basieren auf dem Prinzip des Gebens und Nehmens. Wer Gutes erfährt, möchte Gutes zurückzugeben. Wer Schlechtes erlebt, will Schlechtes vergelten. Auf diese Art tendieren Beziehungen zum Ausgleich. Lehrer-Schüler-Beziehungen funktionieren nach demselben Prinzip. Wenn Schüler für psychische und körperliche Verletzungen oder für Sachbeschädigungen und für die Verletzungen von Eigentumsrechten eine Wiedergutmachung leisten oder eine Auszeit antreten müssen, werden sie diese Maßnahmen in den seltensten Fällen begrüßen. Aus der Sicht der Schüler widerfährt ihnen damit etwas Unangenehmes, und die spontane Reaktion darauf sind Rachegedanken, Wut und ein Vergeltungsbedürfnis.

Wer eine eskalierende Abwärtsspirale vermeiden möchte, sollte am Ende auf die Schüler zugehen und Versöhnungsgesten machen. Dies müssen keine großen «Geschenkkörbe» sein. Es reicht ein freundlicher Blick, ein Händedruck, ein Scherz, ein paar nette Worte. Wenn der Schüler sich zusammen mit anderen im Unterricht meldet, darf er als Erster reden. Oder man «schenkt» den Schülern einen kleinen Teil der Konsequenz oder unterstützt sie am Ende in der Arbeit, die sie als Wiedergutmachung leisten müssen. Dies zeigt den Schülern, dass sie nicht als Person abgelehnt werden. Für die Tat haben sie eine Wiedergutmachung geleistet – und jetzt ist es auch wieder gut. So beginnen die Lehrer wieder mit dem Geben und ermöglichen den Schülern, etwas zurückzugeben. Die Beziehungsspirale zeigt wieder aufwärts. Wenn auf Versöhnungsgesten verzichtet wird, bleiben Schüler auf ihrem Vergeltungsbedürfnis sitzen, das Geben und Nehmen funktioniert nicht mehr, die Beziehung verhärtet, die Liebe erkaltet und wird zu Hass.

Fortschritte zurückmelden

Bei der Bewertung des Sozialverhaltens zählt der individuelle Fortschritt und nicht der Vergleich mit dem Durchschnitt, wie dies bei der Notengebung der Fall ist. Wenn ein Schüler im Kontrast zu anderen Schülern immer noch deutlich häufiger Grenzen überschreitet und Regeln verletzt, aber Verhaltensfortschritte zu erkennen sind, wird die Aufmerksamkeit auf die Besserung gelenkt und diese bestätigt. So wird die Anerkennung zur Motivationsquelle für weitere Fortschritte.

An einem Strang ziehen

Schülern jeden Tag Grenzen zu setzen, standhaft zu bleiben und auf Regelverstöße immer und sofort zu reagieren, ist ungemein belastend und anstrengend. Diese Belastungen können deutlich reduziert werden, wenn alle Lehrerinnen und Lehrer einer Klasse in diesem Bereich zusammenarbeiten. Mit den Kolleginnen und Kollegen an einem Strang zu ziehen, gemeinsame Regeln zu vertreten, das Regelverhalten der Schüler einheitlich zu dokumentieren und mit denselben Konsequenzen auf Regeleinhaltung und Regelverstoß zu reagieren, bringt viele Vorteile:

Der Zusammenhalt macht stark. Stehen Lehrer alleine da, werden sie häufiger von Schülern und Eltern angegriffen. Abwertende Verhaltensweisen gegenüber Lehrern haben in den letzten Jahren in dem Maße zugenommen, wie die gesellschaftliche Akzeptanz und der Respekt vor dem Lehrerberuf abgenommen hat. Mobbing ist nicht nur ein Phänomen unter Schülern, auch Lehrer werden von Schülern gemobbt. Steht ein Team geschlossen hinter bestimmten Werten, Normen und Regeln, werden diese seltener in Frage gestellt und missachtet, und die Schüler weigern sich weniger, die damit verbundenen Anweisungen oder Maßnahmen zu befolgen. Wer dennoch angegriffen wird, muss sich nicht alleine dagegen wehren.

Das Team stärkt jedem Einzelnen den Rücken. Da der Einfluss auf das Verhalten der Schüler seine Grenzen hat, ist der Lehrerberuf häufig auch mit Gefühlen von Ohnmacht und Hilflosigkeit verbunden. Diese belastenden Erfahrungen können im Team besser verarbeitet werden. Die gegenseitige Unterstützung hilft dabei, Stress abzubauen.

Wenn Lehrer *dieselben Regeln und Konsequenzen* vertreten, können sie nicht mehr gegeneinander ausgespielt werden. Früher hieß es vielleicht: «Aber Frau Müller hat's erlaubt! Die ist nett! Bei ihr dürfen wir das!» Diese Spaltungsversuche sind Vergangenheit, wenn ein Team einheitlich auftritt. Es entsteht ein Gefühl der Gemeinsamkeit, das eine Lehrerin folgendermaßen ausdrückte: «Es ist wohltuend zu wissen, dass man keine Einzelkämpferin ist, sondern im Team agiert. Die Regeln gehören zum organisatorischen Gerüst des Unterrichts und geben Schülern und Lehrern Orientierung und Sicherheit in ihrem Verhalten.»

Wenn alle mit *denselben Konsequenzen auf Regelverstöße* reagieren, werden diese nicht mehr mit einem einzelnen Lehrer verbunden, der dann der «Böse» ist, sondern mit der Regel. Der Lehrer wendet die Regeln an, wird aber nicht mehr persönlich für die negativen Konsequenzen bei Regelverletzungen verantwortlich gemacht.

Das *Ziel der Regeln* ist es, sie so schnell wie möglich überflüssig zu machen. Dies gelingt am leichtesten und am schnellsten, wenn möglichst viele konsequent und einheitlich vorgehen. Wenn alle Lehrer mit derselben Regel arbeiten, zeigen die Schüler schneller das gewünschte Verhalten, da sie es öfter trainieren. Je intensiver sich alle um eine Regel kümmern, umso schneller wird sie überflüssig.

Der schnellere *Erfolg motiviert,* die Lehrer unterrichten gerne, die Arbeitszufriedenheit steigt und mit ihr die Unterrichtsqualität, was wiederum positive Auswirkungen auf das Schülerverhalten hat. Ein positiver Kreislauf entsteht.

Ein wichtiges Lernziel an Schulen besteht darin, *Schüler teamfähig* zu machen. Dieses Ziel wird leichter erreicht, wenn Lehrer Teamarbeit vorleben und damit zum Modell werden. Als Einzelkämpfer geben sie ein schlechtes Vorbild ab.

Obwohl die Vorteile der Teamarbeit so offensichtlich sind, ist sie keineswegs selbstverständlich. Viele Lehrerinnen und noch mehr Lehrer tun sich ungeheuer schwer damit, einheitliche Werte, Regeln und Konsequenzen zu vertreten und eine Schulklasse gemeinsam zu erziehen. Dies hat mehrere Gründe:

Es gibt Lehrer, die ihren Beruf gerade deshalb gewählt haben, weil sie in diesem Beruf, wie in kaum einem anderen, gleichzeitig sicher versorgt sind und viele Freiheiten haben. Ein Lehrer drückte dies folgendermaßen aus: «Als Lehrer bin ich mein eigener Herr. Wenn ich die Tür hinter mir zumache, habe ich das Sagen. In meinen Unterricht lasse ich mir von niemandem reinreden.» Diese pädagogische Freiheit wird hartnäckig verteidigt. Doch viele zahlen einen unverhältnismäßig hohen Preis dafür, denn mangelnde Zusammenarbeit, fehlende gegenseitige Unterstützung und geringer Zusammenhalt sind die Hauptursachen dafür, dass viele Lehrer am Burn-out-Syndrom leiden und sich ausgebrannt und erschöpft fühlen.

Viele Lehrer haben noch aus einem anderen Grund Angst vor der Teamarbeit. Sie glauben, es werde ihnen als Zeichen der Schwäche ausgelegt und sie gäben damit zu, Probleme mit der Klasse zu haben. Sich von den Kollegen unterstützen zu lassen, passt nicht in das Selbstbild vom starken Lehrer. Hinzu kommt die Angst, durch die Teamarbeit könne zum Vorschein kommen, man habe als Lehrer, wie jeder andere Mensch auch, Schwächen und mache Fehler. Jeder weiß, dass alle mit mehr oder weniger großen Selbstzweifeln, Ängsten und Unsicherheiten zu kämpfen haben, aber niemand will die Wahrheit aussprechen. Dabei geht es gar nicht darum, ob jemand Probleme hat oder nicht. Es geht auch nicht darum, ob die bisherigen individuellen Regeln und Vorgehensweisen einzelner Lehrer besser oder schlechter sind. Es geht auch nicht darum, was pädagogisch richtig oder falsch ist. Es geht einzig und allein darum, ob sich die Lehrer als Team verstehen, das eine Klasse gemeinsam führen möchte und sich deshalb auch auf gemeinsame Regeln einigt. Es geht darum, ob aus der Formulierung «meine Klasse und meine Schüler» die Sprachgebung «unsere Klasse und unsere Schüler» wird.

Manchmal sind auch «Altlasten» für die fehlende Teamarbeit verantwortlich. Häufig arbeiten die Lehrerinnen und Lehrer eines Kollegiums schon über viele Jahre zusammen. In dieser Zeit wurden Kämpfe ausgefochten. Es gab Enttäuschungen und Verletzungen. Manche dieser Konflikte wurden nie zufrieden stellend geklärt, und manche bergen zu viel Sprengkraft, als dass sich noch jemand daranwagen würde. Aus Angst davor, diese alten Auseinandersetzungen wieder aufzubrechen, wird der Kontakt auf ein Minimum beschränkt.

Ein Teil schreckt auch vor der Mehrarbeit zurück, die Teamarbeit mit sich bringt. Die Rückmeldungen aus der Praxis zeigen jedoch, dass das Plus an Arbeitszufriedenheit, das durch die Teamarbeit gewonnen wird, die zeitliche Investition in die Teamsitzungen bei weitem aufwiegt.

Um all diese Hindernisse und Ängste zu überwinden, ist es für viele Schulen hilfreich, sich so lange externe Unterstützung zu holen, bis Teamarbeit zum Automatismus geworden ist. Nachhaltig wirkungsvolle Gewaltprävention ist fortbildungsintensiv, harte Arbeit und lässt sich nicht durch die Einrichtung einiger Arbeitskreise nach dem Motto «Hauptsache, wir haben darüber geredet» bewerkstelligen.

Die Erfolgsbedingungen für eine gewaltfreie Kultur der Zusammenarbeit können an jeder Schule und in jeder Unterrichtsstunde umgesetzt werden. Gewaltprävention ist vor allem Alltagsgeschäft.

Zur organisatorischen Voraussetzung: Zunächst muss sich ein Team von Lehrerinnen und Lehrern bilden, die fest entschlossen sind, die Schulklassen, für die sie gemeinsam verantwortlich sind, auch gemeinsam zu leiten und mit einheitlichen Regeln, Normen und Werten zu arbeiten. Dies kann geschehen, wenn sich nur die Lehrer einer Klasse zusammenschließen. Das Team kann aber auch eine oder mehrere Klassenstufen umfassen. In jedem Fall ist jedoch die aktive Unterstützung durch die Schulleitung erforderlich.

Dieses Team formuliert gemeinsame Regeln zu den Themen «Unterrichtsvoraussetzungen» und «Unterrichtsstörungen». Wie die Regeleinhaltung gehandhabt wird, muss detailliert erarbeitet werden. Anschließend wird definiert, nach welchen Zeitabschnitten die Regeleinhaltung mit welchen Formen der Anerkennung gefördert wird. Erst dann wird zusammen beschlossen, welche Konsequenzen Regelverletzungen haben und wie das entsprechende Verhalten durch Hilfsangebote unterstützt wird. Die Regelverstöße müssen in einer gemeinschaftlich geführten Liste dokumentiert werden. Auch die Einführung der Regeln bei den Schülern und deren Eltern muss zusammen geplant und durchgeführt werden. In regelmäßigen Teamsitzungen wird die Entwicklung in den einzelnen Bereichen besprochen und auf die Umsetzung und Einhaltung der Erfolgsbedingungen geachtet.

Regeln des Zusammenlebens

In den Pausen, auf den Fluren, in den Gemeinschaftsräumen, auf dem Schulhof, an der Bushaltestelle und auf dem Nachhauseweg sind Schüler unter sich und müssen lernen, miteinander umzugehen. Für viele ist das Zusammenleben mit den Mitschülern nicht einfach und sorgt für eine Menge Konfliktstoff. Dies hat mehrere Gründe:

1. Im Gegensatz zur Freizeit, wo sich die Schüler ihre Freunde selbst aussuchen können, werden sie in der Schule zwangsweise zu einer Klassengemeinschaft zusammengefügt und müssen lernen, auch mit denen auszukommen, die ihnen nicht sympathisch sind und Aggressionen hervorrufen.

2. In der Schule werden Schüler mit zum Teil unbequemen und anstrengenden Leistungsanforderungen konfrontiert, und ihrem Freiheits- und Spaßbedürfnis werden Grenzen gesetzt. Wer schlechte Leistungen zeigt, muss mit den damit verbundenen Misserfolgserlebnissen und Frustrationen umgehen lernen. Diese Zumutungen sorgen dafür, dass in Schulklassen häufig ein höheres Aggressionsniveau herrscht als an anderen Orten.
3. Kinder und Jugendliche vergleichen sich ständig mit anderen und stehen im Wettbewerb. Da an Schulen Leistungen bewertet werden, sind solche Vergleichsprozesse in der Schule stark ausgeprägt. In der Folge spielen Neid, Missgunst, Konkurrenz, Rangordnung und die damit verbundenen Aggressionen eine größere Rolle als im Alltag.
4. Viele Schüler sind heute Einzelkinder und haben nie gelernt, längere Zeit auf engem Raum mit anderen zusammenzuleben und Rücksicht zu üben. Sie sind es gewohnt, im Mittelpunkt zu stehen, und reagieren eifersüchtig und aggressiv, wenn sie nicht die uneingeschränkte Zuwendung erhalten, die sie erwarten.
5. Intensiver als in der Familie wird das Leben in der Schule von der Zugehörigkeit zu einer Peergroup mit einem starken Gruppenzwang bestimmt. Diese Zwänge gehen selten in eine soziale Richtung, wie folgendes Zitat eines Realschülers aus einer 7. Klasse zeigt: «Wenn man cool sein will in der Clique, soll man schon mal jemanden geschlagen haben. Rauchen, Drogen, Trinken wird alles in der Clique ausgeübt.»
6. Nirgends sonst werden Kinder und Jugendliche mit einer solchen Heterogenität an Mitschülern konfrontiert wie an der Schule. Unterschiedlichste Ethnien und Religionen treffen aufeinander und damit auch unterschiedlichste Mentalitäten, Verhaltensmuster und Sprachen und die damit verbundenen Vorurteile, Ängste und Aggressionen.

Wenn diese Aggressionen und die damit verbundenen Konflikte nicht bearbeitet werden, entsteht ein Klassenklima, das ein Schüler mit folgenden Worten beschrieb: «Wir machen uns jeden Tag gegenseitig fertig!» Wie dieses «Fertigmachen» aussieht, veranschaulichen folgende Beispiele aus einer 8. Klasse.

Auf die Frage «Was nervt dich in der Klasse?» kamen folgende schriftliche (in der Rechtschreibung korrigierte) Antworten:

> *Wenn sie blöde Sprüche von sich geben. Wenn mich jemand brutal beleidigt, zum Beispiel mit dem Ausdruck «du Schlampe». Wenn einer mich schlägt. Ausgeschlossenheit (zum Beispiel Ausländer). Dass die Jungs immer so tun, als wären sie die Besten und die Coolsten! Wenn die anderen über andere Mitschüler lästern. Schlägereien. Dass immer Sachen vom Schulranzen und Tisch geklaut werden. Wenn alle auf mich losgehen. Rumgezicke. Weil jeder seine eigene Clique hat, und der andere kommt halt nicht in die Clique rein. Kopfschläge. Wenn einer mit Papier oder Kreide rumwirft. Mit Schimpfwörtern tun sie uns meist beschimpfen.*

Unbearbeitete Konflikte sind der Nährboden für Bullying. Dauerhafte Gewalt entsteht nicht über Nacht. Sie kann verhindert oder abgebaut werden, wenn kontinuierlich am sozialen Miteinander in der Klasse gearbeitet wird. Dazu zählt auch die Auseinandersetzung mit Konflikten zwischen den Geschlechtern, mit interkulturellen Konflikten, mit Gruppenkonflikten und mit Außenseitern. In einem wichtigen ersten Schritt müssen gemeinsam mit der Klasse soziale Regeln des Zusammenlebens entwickelt werden. Diese sollten einen direkten Bezug zum konflikthaft erlebten Alltag der Kinder und Jugendlichen haben und sich ganz konkret auf die unsozialen Verhaltensweisen beziehen, die in der Klasse vorkommen. Nur wenn die Regeln auf die soziale Wirklichkeit der Klasse antworten, können sich die Schüler mit ihnen identifizieren. Nur wenn hinter den Regeln die Not sichtbar bleibt, die zu ihrer Aktivierung geführt hat, werden sie die notwendige Akzeptanz erhalten.

Die Regeln müssen sich auf jeden Einzelnen beziehen, kurz und verbindlich formuliert werden sowie eindeutiges und überprüfbares Verhalten einfordern. Die folgende Regel verletzt alle diese Grundsätze: «Wir bemühen uns, freundlich miteinander umzugehen, und werden versuchen, uns gegenüber Mitschülern respektvoll und höflich zu verhalten.» 1. Sie ist zu lang. 2. «Wir» sind im Ernstfall immer die anderen. 3. Bemühen und versuchen reicht nicht. Entweder ich verletze eine Regel und muss die Folgen tragen, oder es gelingt mir, mich regelkonform zu verhalten. Im obigen Fall kann jeder Schüler den Vorwurf der Regelverletzung kontern, indem er behauptet: «Aber ich hab's echt versucht, und ich hab mich so bemüht – ehrlich – ich schwör's!» 4. «Freundlich», «respektvoll» und «höflich» sind nicht eindeutig definiert und damit nicht überprüfbar.

Im obigen Beispiel einer achten Klasse wurden die gegenseitigen Verletzungen in drei Hauptkategorien eingeteilt: seelische und körperliche Verletzungen sowie Verletzungen von Eigentumsrechten. Die genannte Klasse entwickelte daraus drei Regeln: 1. Ich verletze niemanden mit Worten und Gesten. 2. Ich tue niemandem körperlich weh. 3. Ich nehme anderen nichts weg und mache nichts kaputt. Damit sie konkret, eindeutig und überprüfbar sind, wurden unter jede der drei Regeln die dazu passenden Verletzungen geschrieben, die bereits bei der Frage: «Was nervt dich in der Klasse?» gesammelt wurden. Anschließend wurden diese gemeinsam entwickelten Regeln von allen unterschrieben.

Wenn Regeln zur Toleranz aufgestellt werden, ist auf zwei Dinge zu achten. Erstens darf Toleranz nicht einseitig aufgefasst werden. Jeder hat seinen Beitrag dazu zu leisten. Meist verrät die Sprache die Einseitigkeit. Beispielsweise dann, wenn der Anspruch erhoben wird, Deutsche sollen gegenüber Ausländern toleranter sein, die fehlende Toleranz von Ausländern gegenüber Deutschen aber nicht eingefordert wird. Zweitens darf Toleranz nicht mit Neutralität verwechselt werden. Toleranz heißt nicht, Gewalt, Fundamentalismus und Unterdrückung zu akzeptieren. Gleichberechtigung und Gewaltfreiheit dürfen nicht verhandelbar sein. Diese Werte müssen entschlossen verteidigt werden. Auch die (Schein-)Vorwürfe «Nazi» und «Rassist» dürfen niemanden davon abbringen, universelle Merkmale der Menschlichkeit einzufordern.

Die Regeln des Zusammenlebens werden nur dann wirksam und verhaltensrelevant, wenn sie kontinuierlich mit der

Klasse thematisiert werden. Insbesondere anfangs brauchen die Schüler viele Gelegenheiten, mit Hilfe der Lehrer intensiv um diese Regeln zu ringen. Die Regeleinhaltung muss immer wieder überprüft und Regelverstöße müssen angesprochen werden. Je deutlicher einer Klasse vermittelt werden kann, welche kurz-, mittel- und langfristigen Folgen Gewalt für den Einzelnen, aber auch für die soziale Gemeinschaft hat, desto größer ist die Chance, dass sie ein «soziales Gewissen» entwickelt und für die Qualität des Zusammenlebens selbst Verantwortung übernimmt.

Ob Gewalthandeln abnimmt, ist auch davon abhängig, ob es gelingt, den Schülern einen Weg zu zeigen, wie Verhaltensprobleme in kleinen und machbaren Schritten gelöst werden können. Appelle an die Einsicht und Vernunft von Seiten der Lehrer helfen genauso wenig wie Besserungsgelübde, vage Versprechungen und Absichtserklärungen von Schülerseite. Es geht um konkrete Hilfestellungen. Zunächst kann ein kleiner, aber überprüfbarer Verhaltensbereich ausgewählt werden. Gemeinsam werden Möglichkeiten gesucht, wie die Mitschüler dabei helfen können, die Zielvorgaben zu erreichen. Manchmal ist es auch sinnvoll, die neuen Verhaltensweisen im Rollenspiel einzuüben.

Alle sozialen Prozesse sind Kommunikationsprozesse. Ununterbrochen wird an Schulen verbal und nonverbal kommuniziert. Ob ein soziales Miteinander gelingt, hängt ganz entscheidend davon ab, ob es an der Schule eine einheitliche Kommunikationskultur mit klaren Kommunikationsregeln gibt. Das soziale Klima an einer Schule wird von der Qualität der Kommunikation bestimmt.

Kommunikationsregeln

Drängler zurücksetzen Wer sich nach vorne drängelt oder durch Fingerschnipsen und andere Geräusche versucht, schneller dranzukommen, muss länger warten. Wer verbal oder nonverbal versucht, die Aufmerksamkeit zu erzwingen, erhält sie als Letzter.

Abwertungen konfrontieren Auf jedes Auslachen und auf andere abwertende Geräusche, Gesten oder Bemerkungen muss sofort reagiert werden. Immer wieder lässt sich dabei folgender Prozess beobachten. Zunächst ist den Schülern überhaupt nicht bewusst, was sie da tun. Es handelt sich um automatisches Verhalten. In dieser Phase brauchen die Schüler Zeit, um über die Folgen ihres Verhaltens zu reflektieren und um ein Bewusstsein dafür zu schaffen, welche Verletzungen dabei entstehen. In der nächsten Phase gibt es zwischen Impuls und Handlung immer noch keinen Spielraum. Das Bewusstsein für die Handlung kommt erst nach dieser. Die Schüler lachen, und kurz darauf nehmen sie die Hand vor den Mund und sagen: «Uuups!» In der letzten Phase gelingt es den Schülern, ihren Impuls zu bemerken und die dazugehörige Handlung zu unterdrücken. Je eindeutiger, je einheitlicher, je häufiger und je schneller zunächst die Fremdkontrolle durch die Lehrer erfolgt, desto schneller finden die Schüler zur Selbstkontrolle und Eigenverantwortung.

Meinungen schützen In vielen Schulklassen herrscht eine ausgeprägte Kommentarkultur. Jede Äußerung der Mitschüler – und häufig genug auch die der Lehrer – wird sofort kommentiert. Darauf muss genauso konsequent reagiert werden wie bei den Abwertungen. Andernfalls trauen sich viele Mitschüler aus Angst vor «blöden Kommentaren» nicht mehr, ihre Meinung zu sagen. Meinungsarme Klassen sind «tote» Klassen. Meistens errichten dann einige wenige «Meinungsmacher» eine Meinungsdiktatur, der sich die anderen unterwerfen müssen. Eine Klassengemeinschaft ist nur so gut, wie sich jeder in der Klasse traut, seine eigene Meinung zu sagen. Dieser Mut dazu muss konsequent geschützt werden. Es geht nicht darum, welche Meinung richtig, gut oder akzeptiert ist, sondern darum, dass jeder das Recht auf eine eigene Meinung hat – und die Klasse lernt, Meinungen stehen zu lassen.

Bei diesem Lernprozess ist die Unterscheidung zwischen «stehen lassen» und zustimmen wichtig. Einer fremden Meinung muss nicht zugestimmt werden, aber sie muss respektiert werden. Auch hier gilt das Phasenmodell. Wenn alle Lehrer einer

Klasse, im Sinne eines Ritualisierungseffekts, mit den immer gleichen Fragen auf Kommentare reagieren – zum Beispiel: «Was ist deine Aufgabe?», «Wie heißen die drei Zauberwörter?» oder «Richtig: Meinungen stehen lassen!» –, werden einzelne Schüler bereits am zweiten Tag selber auf Kommentare reagieren: «Mann, hast du's noch nicht kapiert? Meinungen stehen lassen!» Auch hier geht die Klasse den Weg von der Fremd- zur Selbststeuerung.

Verhaltenskritik üben Manchmal besteht eine Meinung auch aus Kritik an einem Mitschüler. An dieser Stelle müssen Schüler lernen, zwischen Person und Verhalten zu trennen, das heißt, offene Verhaltenskritik zu üben, ohne dabei abwertende Äußerungen über die Person des Betreffenden zu machen. Angriffe wie: «Du Blödmann hackst immer nur auf anderen rum! Du bist echt das Letzte!» dürfen nicht akzeptiert werden. Dass der Betreffende aus der Sicht des Kritikers auf anderen herumhackt, ist eine Meinung, die man diskutieren kann. Alles andere sind beleidigende Angriffe auf die Person.

Eindeutige und überprüfbare Kommunikation einfordern Verletzende Verhaltensweisen lassen sich nur ändern, wenn sie eindeutig definiert sind. Abstrakte, unklare oder allgemeine Verhaltensbeschreibungen müssen verhaltensnah übersetzt werden. Durch gezielte Fragen lernen die Schüler sich so auszudrücken, dass ihre Kommunikation eindeutig und überprüfbar wird. Beispiele dafür sind: Was heißt auf «jemandem herumhacken» (oder ärgern, nerven, Quatsch machen), was geschieht da genau? Was macht jemand, wenn er für «miese Stimmung» sorgt? Was machen die, die sich «bekriegen»? Was heißt «blöd»? Was macht der andere, dass man ihn «blöd» findet?

Vom Vorwurf zur Selbstbeschreibung Wenn ein Schüler zu einem anderen sagt: «Du ärgerst und provozierst mich immer!», wird dies von der Gegenpartei meistens als Vorwurf und Schuldzuweisung erlebt. Die häufigsten Reaktionen darauf sind ein Abstreiten («Stimmt ja gar nicht!») und ein Gegenvorwurf

(«Nein, du ärgerst mich immer!»). An dieser Stelle müssen die Schüler lernen, Verantwortung für ihr Erleben zu übernehmen und über sich selbst zu reden, statt vom anderen: «Ob dich der andere ärgert und provoziert, weiß ich nicht. Was ich weiß, ist, dass du dich ärgerst und dich provoziert fühlst. Es sind deine Gefühle und deine Reaktionen. Jemand anders würde vielleicht anders fühlen. Und bei dir gibt es vielleicht auch Unterschiede. Was macht denn der andere ganz genau, dass du dich ärgerst und dich provoziert fühlst? Würdest du bei jedem so reagieren? In jeder Situation?» So wird aus einem «Du hast mich geärgert!» ein «Ich habe mich (über eine bestimmte Verhaltensweise von dir) geärgert!»

Von der Person zum Verhalten Auch wenn jemand von sich selber redet (Ich-Botschaft), kann dies einen anderen Menschen verletzen, wenn das Gesagte sich auf die ganze Person des Gegenübers bezieht. Mit dem Satz «Ich habe mich über DICH geärgert» werden nicht einzelne Verhaltensweisen abgelehnt, die der andere eventuell ändern oder unterlassen könnte, sondern die ganze Person, die nicht in Frage gestellt werden darf. Dasselbe gilt für Eigenschaftszuschreibungen wie: «Ich ärgere mich über deine Faulheit (Bosheit, Falschheit, Schlechtigkeit)!» Auch hier ist es wichtig, zwischen Person und Verhalten zu trennen und auf die Verhaltensebene zurückzukehren. Beispielsweise durch den Satz: «Es ärgert mich, dass du mir nicht wie verabredet beim Tafelwischen hilfst!»

Ehrlichkeit fördern Ehrlichkeit ist das Fundament, auf dem jede soziale Beziehung ruht. In vielen Schulklassen fehlt dieses. Die Schüler streiten zunächst einmal grundsätzlich alles ab. Dies ist verständlich, denn Lügen haben bisher mehr Vorteile gebracht als Ehrlichkeit. Dieser Trend lässt sich nur umkehren, wenn es sich für die Schüler wieder lohnt, ehrlich zu sein. Dazu ist es notwendig, jede Ehrlichkeit wahrzunehmen, die Aufmerksamkeit der Schüler darauf zu lenken, sie anzuerkennen und mit positiven Bedeutungen aufzuladen. Wenn alle Lehrer einer Klasse ehrlichen Schülern Hochachtung entgegenbringen und betonen, wie viel Mut dahintersteckt und dass der ehrliche Schüler stolz auf sich sein kann und einen wichtigen Beitrag zu einem vertrauensvollen Miteinander geleistet hat, wird sich das Ehrlichkeitsklima in wenigen Tagen ändern. Anerkennung, Mut, Respekt und Vertrauen sind die wegweisenden Begriffe für eine ehrlichere Zukunft.

Ausreden ablehnen Die meisten Schüler reagieren auf Kritik defensiv. In diesen Fällen müssen sie immer wieder geduldig darauf hingewiesen werden, dass Gegenangriffe («Die sagt auch Schimpfwörter!»), Rechtfertigungen oder Schutzbehauptungen («Es war doch keine Absicht!») und Verteidigungen («Der hat angefangen!») nicht notwendig sind, denn niemand wird verurteilt, schuldig gesprochen oder schlecht gemacht. Konfliktgespräche sind keine Gerichtsverhandlungen. Den Schülern muss immer wieder erklärt werden, dass es nicht darum geht, wer Recht hat. Jeder darf seine eigene Wahrheit haben, muss aber die Verantwortung für die Folgen seines Verhaltens übernehmen. Niemand darf sich aus dieser Verantwortung herausreden. Das Entscheidende dabei ist nicht die eigene Wahrnehmung des Verhaltens («Ich hab doch nur Spaß gemacht!»), sondern das Erleben der Handlung durch den anderen («Ich fand's nicht lustig, der Spaß ging auf meine Kosten!»).

Kommunikationsregeln sind kein Projekt. Sie sind Alltag. Sie dürfen nicht nur gelten, wenn soziales Lernen auf dem Stundenplan steht oder über Konflikte gesprochen wird. Sie gelten immer und für jeden – und sie sollten von allen Lehrern einer Schule vertreten werden. Allein durch die konsequente Anwendung dieser einfachen Regeln im Schulalltag wird sich das soziale Klima an einer Schule positiv ändern. Gewaltprävention darf sich nicht auf bestimmte Maßnahmen einzelner Lehrer zu bestimmten Zeiten für bestimmte Schüler beschränken. Gewaltprävention muss zum selbstverständlichen Bestandteil des Unterrichtsalltags werden.

Ein Klima von Zusammenhalt, Respekt und gegenseitiger Wertschätzung in einer Schulklasse entsteht nicht von allein. Ein entspanntes Miteinander ist nicht zum Nulltarif zu haben.

Auch die Anwendung von Kommunikationsregeln erfordert ein hohes Maß an innerer Verpflichtung, Engagement und Zeit. Und genau diesen Einsatz wollen viele Lehrerinnen und Lehrer nicht bringen. Meist wird damit argumentiert, diese Arbeit koste einen nicht vertretbaren Verlust wertvoller Unterrichtszeit. Gegen diese Argumentation sprechen drei Gründe:

1. *Persönliche Beziehungen fördern die Lernmotivation:* Fachlehrer berichten immer wieder über einen «Klassenlehrereffekt». Schüler benehmen sich beim Klassenlehrer besser, machen häufiger ihre Hausaufgaben und sind im Unterricht ruhiger. Zwischen Klassenlehrer und Fachlehrer gibt es meistens zwei Unterschiede. Erstens verbringen Klassenlehrer in der Regel mehr Zeit mit der Klasse, und zweitens kümmern sich viele Klassenlehrer in dieser Zeit auch um die persönlichen Belange der Schüler und um die Beziehung zu deren Eltern. Erfolgreiche Klassenlehrer schaffen immer wieder Zeiträume, in denen die Person des Schülers im Vordergrund steht und nicht seine Leistungen. Eine intensivere Schüler-Lehrer-Beziehung ist die Folge. Die Schüler erleben den Klassenlehrer als ihre Bezugsperson. Wenn Schüler spüren, dass sie dem Lehrer nicht egal sind, weil er sie nicht nur als Bildungsobjekte sieht, sondern ihnen leistungsfreie Zeit schenkt, in der er sich fürsorglich um ihre Bedürfnisse und um ihre Konflikte, Ängste, Sorgen und Nöte kümmert, dann wird ihnen auch der Unterricht dieses Lehrers nicht egal sein. Je mehr sich die Lehrer für die Schüler engagieren, desto mehr engagieren sich diese für den Unterricht.

Vielfältige Unterrichtsmethoden, eine lebenspraktische Gestaltung des Unterrichts und die individuelle Förderung einzelner Schüler sind wichtige Voraussetzungen für motivierte Schüler. Den größten Effekt auf die Lernmotivation hat jedoch die Qualität der Lehrer-Schüler-Beziehung. Beziehungszeit ist keine verlorene Zeit. Durch den Aufbau persönlicher Kontakte zwischen Lehrern und Schülern und die damit einhergehende positive Bindung wird die Lernmotivation der Schüler gestärkt und einer «Null-Bock-Haltung» entgegengewirkt. Die Wichtigkeit einer verlässlichen, wertschätzenden, aber auch normorientierten Bindung wird von der Resilienzforschung bestätigt. Nur Kinder und Jugendliche, die eine sichere Bindung erleben, sind offen für Neues, lernfähig, neugierig und selbstsicher genug, auch Fehler zu riskieren. Die Antwort auf unmotivierte Schüler liegt häufig nicht im Unterricht, sondern jenseits davon. Wichtig ist, diese Beziehungszeit nicht nur einmal im Jahr beim Schulausflug oder im Landschulheim anzubieten, sondern sie zum festen Bestandteil des Schulalltags werden zu lassen.

Eine gute Möglichkeit, die Beziehungen zwischen Lehrern und Schülern zu stärken, ergeben sich auch im Rahmen von Partizipationsangeboten. Dazu ist es notwendig, die Wünsche, Ideen und Bedürfnisse der Schüler zum allgemeinen Zusammenleben an der Schule oder zum Unterricht zu erfragen, ernst zu nehmen und, wenn möglich, auch unter direkter Beteiligung der Schüler umzusetzen. Es kann aber auch um die Gestaltung des Schulhofs und des Schulhauses gehen oder um Schülerfirmen, Schülerkioske, selbstverwaltete Schülercafés und Schülerbands. Schülerteams können andere Klassen dabei unterstützen, Ausflüge, Flohmärkte, Arbeitsgemeinschaften oder Schulfeste zu organisieren.

Partizipationsmöglichkeiten stärken nicht nur die Lehrer-Schüler-Beziehung und damit die Lernmotivation, sondern auch die Identifikation mit der schulischen Institution. Wenn Schüler Freiräume, Selbstbestimmungs- und Mitwirkungsmöglichkeiten erhalten, bedeutet ihnen Schule etwas. Auf etwas Wichtiges gibt man Acht. Achtgeben und Gewalt anwenden widersprechen sich. Wenn Schüler Verantwortung tragen dürfen, werden sie sich auch verantwortlich verhalten.

Partizipationsmöglichkeiten sind auch gute Gelegenheiten, das Gemeinschaftsgefühl und den Zusammenhalt der Schüler untereinander zu stärken, was ebenfalls gewaltpräventiv wirkt. Dieser Prozess kann allerdings nur gelingen, wenn ein Risikofaktor vermieden wird: die Zielfixierung. Viele Lehrer sagen, sie hätten keine Lust mehr, sich der Wünsche der Schüler anzunehmen. Es sei immer dasselbe. Zu Beginn wären alle noch engagiert, aber dann würden sich immer mehr «ausklinken», und am Ende würde doch alles an ihnen hängen bleiben. Wenn sie die Sache am Ende nicht in die Hand nähmen, würde gar nichts passieren. Da könnten sie's ja auch gleich selbst machen. An dieser Stelle ist es hilfreich, den Fokus weniger auf das Ziel und mehr auf den Prozess zu lenken.

Bei Partizipationsprozessen steuern Lehrer gruppendynamische Prozesse, nicht das Ergebnis. Es geht nicht darum, Lösungen vorzuschreiben oder das berühmte Machtwort zu sprechen, sondern Methoden anzubieten, wie Lösungen gefunden werden können. Wenn der Weg zum Ziel einen Monat dauert, dauert er einen Monat, wenn er ein Jahr dauert, dauert er eben ein Jahr – und manchmal führt er überhaupt nicht zum gewünschten Erfolg. Am Ende werden die Schüler trotzdem viel gelernt haben. Sie mussten Misserfolgserlebnisse verarbeiten, Rückschläge hinnehmen und lernen, mit Frustrationen umzugehen. Sie mussten lernen, konstruktiv zu kritisieren und Kritik auszuhalten.

Eine größere Aufgabe kann man nur bewältigen, wenn man sie in kleine, machbare Schritte aufteilt, und man muss zwischen ernsthafter Arbeit und Spaß einen Mittelweg finden. Manche haben sich auf diesem Weg viel Know-how angeeignet und können nun ihrerseits andere Klassen bei diesem Prozess unterstützen. Am Ende wird es Profis geben, die diese Aufgabe selbständig wahrnehmen können. Das ist der Moment, wo Lehrer ihren Schülern die Verantwortung für bestimmte Bereiche geben und Selbstverwaltungselemente in das Schulprofil integriert werden können.

2. *Das soziale Klima bestimmt das Lernklima:* Ein gutes Arbeitsklima und ein gutes Sozialklima bedingen sich gegenseitig. Wenn Schüler im Unterricht nicht mitarbeiten, weil sie Angst davor haben, ausgelacht und als Streber beschimpft zu werden, ist der Unterrichtserfolg gefährdet. Wer guten Unterricht halten will, hat keine andere Wahl, als sich intensiv um Fragen des sozialen Miteinanders zu kümmern. Nur wenn die Schüler mit Hilfe der oben genannten Kommunikationsregeln gelernt haben, sich gegenseitig zu respektieren, wird eine Atmosphäre entstehen, in der auch gearbeitet werden kann. Andernfalls kann

eine Klasse in zwei Extremzustände geraten. Entweder wird sie lustlos und apathisch oder hochaggressiv und chaotisch.

3. *Fürs Leben lernen heißt «Soziales Lernen»:* Viele Schulen verkünden vollmundig, die Schüler würden bei ihnen auf das Leben vorbereitet und lernten fürs Leben. Das Leben besteht jedoch nicht nur aus Fachwissen. Ob die Schüler mit ihrem Wissen später erfolgreich sein werden, ob es ihnen gelingt, eine befriedigende Partnerschaft aufzubauen, ob sie Kinder ohne große Probleme erziehen können und ob sie in der Lage sind, sich in die Gesellschaft zu integrieren und etwas zum Gemeinwohl beizutragen, hängt nicht so sehr von ihren fachlichen Fähigkeiten ab, sondern mehr von ihren emotionalen und sozialen Kompetenzen. Dass der gemeinsamen Erziehung der Schüler an vielen Schulen kein besonders hoher Stellenwert eingeräumt wird und «Soziales Lernen» nicht zum gleichberechtigten Hauptfach gemacht wird, hängt weniger von der Stofffülle und den strukturellen Hemmnissen an Schulen ab. Es fehlt vor allem am Bewusstsein für die Bedeutung dieser Themen. Zumindest wird dieses in vielen Fällen nicht handlungsleitend und bleibt im Stadium schöner Lippenbekenntnisse stecken.

Mediation

Der größte Teil der Konflikte an Schulen besteht aus den alltäglichen Reibereien und Grenzverletzungen, die immer vorkommen, wo Kinder und Jugendliche in größeren Gruppen zusammenleben müssen. Diese Aggressionen lassen sich durch das Setzen und Kontrollieren von Grenzen und Regeln in einem für alle erträglichen Rahmen halten.

Es gibt aber auch Auseinandersetzungen zwischen einzelnen Schülern, die nicht so einfach zu lösen sind, weil sie tiefer gehen. Diese entspannen sich erst, wenn ihre Ursachen verstanden und passende Lösungen dafür gefunden wurden. Meist handelt es sich bei den Ursachen um Bedürfniskonflikte, Missverständnisse und Vorurteile. Diese Auseinandersetzungen flammen immer wieder auf und münden häufig in eine Eskalationsspirale, weil jede Konfliktpartei in ihren Gefühlen und Bedürfnissen verletzt ist und aus dem Bedürfnis der Rache und Vergeltung heraus der jeweiligen Gegenseite erneut Schaden zufügt. Jeder ist in seiner Sicht der Dinge gefangen und sucht die Schuld beim anderen. Jeder erwartet vom anderen Verständnis, ist aber selber nicht in der Lage, der Gegenseite das nötige Verständnis entgegenzubringen. Weil keiner bereit ist, als Erster auf den anderen zuzugehen, können Verletzungen und Missverständnisse nicht geklärt werden, und die Fronten verhärten sich. Beide Seiten reagieren empfindlich, und beim geringsten Anlass gibt es erneuten Streit. Werden diese Fälle nicht frühzeitig bearbeitet, können daraus schwere Formen von Bullying entstehen.

Eine gute Möglichkeit, an diesen Konflikten zu arbeiten, bietet ein festes Konfliktlösungsritual wie die Mediation, bei der eine dritte Person zwischen den Konfliktparteien vermittelt. An vielen Schulen übernehmen Schüler, die zu Streitschlichtern oder Konfliktlotsen ausgebildet wurden, diese Vermittlerrolle. Der Mediator bringt abwechselnd beiden Seiten Verständnis entgegen und geht mitfühlend auf die jeweiligen Verletzungen ein. Auf diese Weise fühlen sich die Konfliktparteien nicht mehr so bedroht, können loslassen und ihren Schutz lockern. Wenn sich beide Parteien verstanden fühlen, sind sie häufig auch in der Lage, der Gegenseite Verständnis entgegenzubringen. Im Ergebnis entspannt sich die Situation, und beide Seiten sind nun bereit, aufeinander zuzugehen und etwas zur Lösung des Konflikts beizutragen.

Die Mediation ist ein wichtiger und sinnvoller Baustein im Rahmen eines Mehr-Ebenen-Konzepts zur Gewaltprävention, wozu auch die Verhinderung von Bullying zählt. Für die Schüler, die als Streitschlichter arbeiten, stellt Mediation eine wertvolle Möglichkeit der Partizipation dar. Sie können Verantwortung für das soziale Klima an der Schule übernehmen und Erfolgserlebnisse in einem Bereich sammeln, der nichts mit schulischen Leistungen zu tun hat. So können auch leistungsschwächere Schüler für die Schule motiviert werden, und Schüler, die bisher Probleme mit ihrem Sozialverhalten hatten, können sich zu Vorbildern für andere entwickeln.

Die Schule profitiert in vielfältiger Weise von diesem Konfliktlösungsinstrument, denn mit Hilfe der Mediation lernen die Schüler:

- sich an Gesprächsregeln zu halten
- über (verletzte) Gefühle und Bedürfnisse zu reden
- sich in andere hineinzuversetzen (Perspektivenübernahme und Einfühlungsvermögen)
- die Hintergründe und Ursachen eines Konflikts besser zu verstehen
- konstruktiv mit Wut und Ärger umzugehen und ihre Impulse besser zu kontrollieren
- fair zu verhandeln
- konstruktive Konflikt- und Problemlösungsstrategien
- Selbstverantwortung und Verlässlichkeit

Auch der Unterricht profitiert von dieser Konfliktlösungsmethode. Die Lehrerinnen und Lehrer müssen diese Konflikte nicht mehr unter Zeitdruck im Unterricht oder in den Pausen bearbeiten. Sie müssen sich auch nicht mehr in die Richterrolle drängen lassen und darüber entscheiden, wer die Wahrheit sagt, Recht hat, schuldig ist oder eine Strafe verdient hat. Denn in der Mediation geht es nicht darum, wer die Auseinandersetzung gewinnt, sondern um die Frage, wie die Konfliktparteien eine einvernehmliche Lösung finden können. Bei dieser gemeinsamen Lösungssuche nützt es den Schülern nichts, wenn sie versuchen, die Mediatorin oder den Mediator mit Unwahrheiten, Beschuldigungen oder sonstigen strategischen Tricks auf ihre Seite zu ziehen.

Viele Schulen haben im Rahmen ihrer gewaltpräventiven Bemühungen die Mediation mit großem Enthusiasmus eingeführt. Zwischenzeitlich hat sich vielerorts aber auch Ernüchterung breit gemacht. Oft sind die «Streitschlichterbüros» verwaist und die Streitschlichter arbeitslos, weil die Schüler das Angebot nicht nachfragen. Und die Lehrer, die sich für das Projekt engagieren, führen einen zeit- und kräfteraubenden Kampf gegen das Vergessen. Um Mediation an Schulen erfolgreich zu machen und um ein «Einschlafen» des Projekts zu verhindern, gilt es, einige kritische Fallstricke zu vermeiden:

Die Projektfalle

Ein Hauptgrund für das Scheitern vieler Mediationsversuche ist die mangelnde Einbindung in die Gesamtkultur der Schule. Erkundigt man sich an Schulen nach der Mediation, bekommt man häufig folgende oder ähnliche Sätze zu hören: «Ach so, die Mediation, ja da fragen Sie am besten Frau Müller und Herr Maier, die kümmern sich darum!» Solche Antworten zeigen, dass an diesen Schulen Mediation als isoliertes Projekt und als persönliches «Steckenpferd» einiger weniger Lehrer betrachtet wird. Um langfristig überleben zu können und von einzelnen Personen unabhängig zu werden, muss Mediation breit verankert und von vielen Schultern getragen werden.

Dies kann nur gelingen, wenn das Kollegium in einem ersten Schritt dafür gewonnen wird, Mediation nicht als Instrument zur gelegentlichen Lösung einzelner Konflikte zu betrachten, sondern als eines, mit dessen Hilfe möglichst vielen Schülern wichtige soziale Kompetenzen vermittelt werden. Mediation sollte zum Schulprogramm «Soziales Lernen für alle» zählen. Wenn nur innerhalb der Mediation auf Kommunikationsregeln geachtet, auf die Bedürfnisse der Schüler eingegangen und nach einvernehmlichen Lösungen gesucht wird, wird sie für die Schüler unglaubwürdig und in der Folge abgelehnt.

Das Ziel, die Mediation in die Gesamtkultur einer Schule zu integrieren, kann auf drei sich ergänzenden Wegen erreicht werden: Es sollten sich möglichst viele Lehrer, Schulsozialarbeiter und andere Mitarbeiter der Schule ausbilden lassen. An manchen Schulen sind beispielsweise der Hausmeister oder die Sekretärin wichtige Ansprechpartner für Schüler. Dann sollten auch diese Personen ausgebildet werden. Wenn sich Eltern engagieren wollen, können auch diese in die Ausbildung integriert werden. Die übliche Praxis, zwei Lehrer pro Schule zur Fortbildung «abzukommandieren», ist völlig unzureichend. Im Rahmen des Freiburger Fortbildungsprogramms «Konflikt-KULTUR» wird beispielsweise erst dann mit einer Fortbildung begonnen, wenn auf fünfundsiebzig Schüler mindestens ein Fortbildungsteilnehmer kommt. Häufig lassen sich aber alle oder zumindest große Teile des Kollegiums ausbilden.

Viele Mediationen können im Beisein der ganzen Klasse durchgeführt werden, wenn die Konfliktparteien damit einverstanden sind. Dieses Vorgehen hat große Vorteile. Die Konfliktlösekompetenzen können allen Schülern gleichzeitig vermittelt werden, und die Mitschüler können sich konstruktiv an der Mediation beteiligen und beispielsweise gemeinsam nach guten Lösungen suchen.

Es sollten möglichst viele Kommunikationselemente aus der Mediation in die Alltagskommunikation integriert werden. Auch einfachste Dialoge können nichtwertend, ergebnisoffen, am inneren Erleben orientiert und nach den Grundsätzen der Trennung von Person und Verhalten gestaltet werden.

Die Selektionsfalle

Die Selektionsfalle ist eng mit der Projektfalle verbunden. Solange Mediation an der Schule als etwas Besonderes erlebt wird, besteht die Gefahr, sie nur als Maßnahme für besonders schwierige und ungewöhnliche Fälle zu betrachten. Mediation wird hierbei als kostbares Gut angesehen, das nicht an «Bagatellfälle» verschwendet werden darf. Hier gilt es immer wieder geduldig darauf hinzuweisen, keinen Streit als Bagatellfall abzuwerten. Jeder Streit, und sei er aus Sicht der Erwachsenen auch noch so nebensächlich, eignet sich zum Training sozialer Kompetenzen.

Es gibt auch eine umgekehrte Selektionsfalle. Manchmal überfordern sich Mediatoren, weil sie glauben, mit dem neuen Konfliktlöseritual an der Schule alle Konflikte lösen zu können. Ziel ist nicht die Lösung aller Konflikte mit Hilfe der Mediation, sondern die Vermittlung von Kommunikations- und Konfliktlösekompetenzen.

Die Freiwilligkeitsfalle

Bezüglich der Mediation gilt üblicherweise das Freiwilligkeitsparadigma. Dahinter steckt der Gedanke, Zwang und ein förderliches Gesprächsklima schlössen sich gegenseitig aus und den Konfliktparteien fehle die notwendige Lösungsmotivation, wenn sie nicht freiwillig kommen. Beides lässt sich im Kontext Schule nicht bestätigen.

Kinder und Jugendliche haben viele Gründe, warum sie nicht freiwillig in die Mediation gehen: Solange sie noch keine Erfahrungen damit haben, können sie sich überhaupt nicht vorstellen, dass man Konflikte auch lösen kann, wenn es nicht darum geht, wer Recht hat und wer schuld ist und bestraft wird. Sie gehen davon aus, Mediation sei ein Gerichtsverfahren, vor dem man Angst haben muss. Die Vorgehensweisen sind zunächst unbekannt und befremdlich. Für manche ist diese neue Herangehensweise an Konflikte auch verunsichernd. Viele Schüler wollen deshalb lieber am Alten festhalten, anstatt sich auf das neue Verfahren einzulassen.

Mediation ist eben kein Spaß. Sich mit anderen auseinander zu setzen und die Verantwortung für das eigene Verhalten zu übernehmen, ist anstrengend. Das Vergeltungsbedürfnis ist tief in unserem evolutionären Erbe verwurzelt. Nicht zurückzuschlagen und eine friedliche Lösung zu suchen, ist für viele unbefriedigend. Auf Rache zu verzichten, kostet Überwindung. Dem anderen die Schuld in die Tasche zu schieben, anstatt sich die eigenen Konfliktanteile anzuschauen, ist einfacher. Jungen stehen auch die Männlichkeitsklischees im Weg. Sie glauben, «labern» sei eher etwas für Frauen, und wollen sich in der Mediation keine Blöße geben. Gewalt ist geil. Warum sollte man darauf verzichten? Insbesondere Jugendliche glauben, durch die Teilnahme an einer Mediation zeigten sie ihre Inkompetenz, ihren Konflikt alleine zu lösen. Indem sie sie ablehnen und Konflikte auf ihre Art regeln, beweisen sie ihre Autonomie, zeigen, dass sie keine Hilfe brauchen, und fühlen sich erwachsen. An dieser Stelle braucht es immer wieder geduldige Hinweise auf den Ursprung der Mediation in der Erwachsenenwelt. Bei Trennungen und Scheidungen, Nachbarschaftsstreitigkeiten, in der Wirtschaft sowie bei umstrittenen Verkehrs-, Stadtentwicklungs- und anderen Bauprojekten kann Mediation angewandt werden. Es ist ein Zeichen von Stärke und Reife, wenn man sich helfen lassen kann und sich damit das Leben leichter macht.

Nehmen die Beteiligten dann an einer Mediation teil, sind sie häufig überrascht, wie angenehm ein solches Ritual ist. Auch zunächst unmotivierte Schüler machen plötzlich engagiert mit – und alle sind am Ende erleichtert, wenn der Streit vom Tisch ist. Die Konfliktparteien können und dürfen nicht zur Einigung gezwungen werden, aber sie dürfen aufgefordert werden, in die Mediation zu gehen. Nicht die Mediation ist freiwillig, sondern die Lösung.

Die Lösungsfalle

Es wird davon ausgegangen, Mediation löse Konflikte für immer und lasse neue erst gar nicht mehr entstehen. Diese Hoffnung ist verständlich, und es muss nicht verwundern, wenn sich manchmal die Vorstellung einschleicht, Mediation sei eine Möglichkeit, irgendwann konfliktfrei zu arbeiten oder die Konfliktlösungen ganz in die Hände der Schüler geben zu können. Dies ist jedoch eine falsche Vorstellung. In der Mediation geht es nicht primär um die Lösung, sondern um den Weg dorthin. Trennen sich zwei Konfliktparteien ohne Lösung, haben sich aber konstruktiv am Gespräch beteiligt und können nun den Konflikt besser verstehen, ist trotzdem viel gewonnen. Konflikte lassen sich nicht immer verhindern, und Mediation bietet eine Chance, den konstruktiven Umgang damit zu üben und ihre Eskalation zu verhindern. Es hängt von der inneren Haltung ab, ob Auseinandersetzungen als belastend oder als anregend empfunden werden.

Auch wenn Lehrer, mit dem Argument «Ich hab bisher meine Konflikte auch ohne Mediation gelöst!», nicht bereit sind, Konflikte, die «ihre» Schüler betreffen, abzugeben, ist die Lösungsfalle im Spiel. Sie glauben, es werde ihnen als Zeichen der Schwäche ausgelegt, wenn sie «ihre» Schüler in die Mediation schicken, weil sie damit zugeben, den Konflikt nicht alleine lösen zu können. Teilweise befürchten sie auch, es komme hierbei Kritik an ihrem Verhalten als Lehrer «auf den Tisch». Sie flüchten sich deshalb in die Abwehr: «Ich hab keine Probleme in meiner Klasse!» Diese Schwierigkeit lässt sich am besten dadurch lösen, möglichst vielen Kollegen Mediation nahe zu bringen.

Auch die Schüler hoffen auf die Lösungsfalle, wenn sie versuchen, mit dem Argument, sie hätten sich schon geeinigt, an einer Mediation vorbeizukommen. An dieser Stelle hilft es, die Einigung zu begrüßen und die Schüler mit dem Argument, man sei gespannt darauf, wie denn diese zustande kam, trotzdem zum Mediationsgespräch zu bitten. Der Weg ist das Ziel.

Die Neutralitätsfalle

Prinzipien wie die der Neutralität oder Allparteilichkeit, die in der Mediation zwischen Erwachsenen gelten, dürfen nicht unreflektiert auf die zwischen Erwachsenen und Kindern beziehungsweise Jugendlichen übertragen werden.

Wenn Erwachsene mit Kindern und Jugendlichen in Kommunikation treten, ist dies eine gleichwertige, aber keine gleichrangige Beziehung. Zwischen Erwachsenen und Kindern verläuft eine Generationengrenze, die gewahrt bleiben muss. Diese erlaubt Kindern auf der einen Seite spielerische Freiheiten und verlangt von den Erwachsenen auf der anderen Seite eine klare Begrenzung dieser Freiheiten. Dies gibt Kindern Orientierung und Sicherheit und wird – bei aller Rebellion dagegen – als Halt erlebt. Wenn sich Erwachsene dieser Aufgabe verweigern, wachsen emotionale Analphabeten heran, die sich als Jugendliche und Erwachsene nicht selbst begrenzen können. Sie verlieren damit die Fähigkeit zur Selbstkontrolle und Selbstbeherrschung, die neben der Empathiefähigkeit die wichtigste Eigenschaft der emotionalen Intelligenz ist.

Eine Schule ist auch ein Werteraum. Dieser darf nicht den Schülern überlassen bleiben. Kinder werden nicht mit Werten, ethischen Standards und einem Gewissen geboren. Sie müssen diese Verhaltensrichtlinien genauso lernen wie Schreiben, Lesen und Rechnen. Und zwar von uns Erwachsenen. Ein Schulmediator muss jeden Augenblick dazu bereit sein, die Haltung der Neutralität zu verlassen und für humane Werte wie Gewaltfreiheit und Gleichberechtigung einzutreten und, wenn nötig, dafür zu kämpfen. Auch muss auf die Widerspruchsfreiheit individueller Vereinbarungen mit den Schulregeln geachtet werden. Es darf keine Lösung akzeptiert werden, die geltende Normen verletzt (Hausaufgaben abschreiben lassen als Versöhnungsangebot). Selbst so genannte Allparteilichkeit oder das Fairness-Prinzip nutzen hier wenig, da es nicht darum geht, abwechselnd auf der Seite eines Schülers zu stehen, sondern den eigenen Standpunkt auf der entgegengesetzten Seite der Schüler und damit der Generationengrenze einzunehmen.

Ein Beispiel soll dies verdeutlichen: Im Rahmen einer Mediation zwischen mehreren Schülern, bei der es darum ging, dass sich die Beteiligten immer wieder gegenseitig etwas weggenommen hatten, wurde beiläufig ein «Spiel» erwähnt, das «Vierteilen» genannt wurde. Dabei wird ein Junge von vier anderen an jeweils einer Extremität gepackt und so stark wie möglich auseinander gezogen. Alle Beteiligten taten so, als wäre das Ganze einfach nur ein harmloses Spiel, das allen Beteiligten Spaß macht. Dabei schauten sie sich gegenseitig ständig an, um sich alle derselben Einschätzung als «Spaß» zu versichern. Obwohl dies zunächst nicht im Interesse der Konfliktparteien lag, bestanden wir darauf, dieses «Spiel» zu thematisieren. Durch Vertiefungsfragen und das Nachstellen der Situation wurde diese wieder lebendig, und plötzlich erzählte ein Junge, dieses «Spiel» mache überhaupt keinen Spaß, sondern tue in Wirklichkeit schrecklich weh. Es entstand eine ernste und offene Gesprächssituation, in der auch über Männlichkeitsbilder von «ein Junge weint nicht» und «ein Indianer kennt keinen Schmerz» geredet wurde. Gleichzeitig vertraten wir energisch den Standpunkt, hier handele es sich um Gewalt. Dieser neue Bewertungsmaßstab gab den Beteiligten die Möglichkeit, ohne Gesichtsverlust aus dem Spiel auszusteigen. Hätten wir dieses «Spiel» nicht bewertet und aus einer Haltung der Neutralität heraus unkommentiert gelassen, hätten wir eine unterlassene Hilfeleistung begangen und uns an einer Kultur der Gewalt mitschuldig gemacht.

Eine ähnliche Situation ergibt sich in der Frage des Umgangstons an Schulen. Häufig wird bei Begriffen wie «Wichser» und «Schlampe» eine Intervention mit der Begründung abgelehnt, diese Wörter seien für die Schüler heutzutage normal und sie dächten sich nicht mehr viel dabei. Auch diese Haltung pervertiert die Generationengrenze. Ob ein Begriff sozial akzeptiert wird, sollten die Erwachsenen bestimmen und nicht die Kinder und Jugendlichen.

Die Schweigepflichtfalle

Das Paradigma, eine Mediation sollte unter dem Siegel der Verschwiegenheit durchgeführt werden, lässt sich im Umgang mit Kindern und Jugendlichen aus mehreren Gründen nicht halten. Wenn im Konfliktgespräch zum Vorschein kommt, dass Schäden entstanden sind, die das Taschengeldniveau übersteigen, müssen die Eltern informiert und versicherungsrechtliche Fragen geklärt werden. Dasselbe gilt für Konflikte, die in das private Umfeld hineinwirken, beispielsweise wenn sich die Eltern der Schüler ebenfalls streiten oder die Schüler enge Nachbarn sind. Sind weitere Personen oder Konflikte beteiligt, muss der Mediationsrahmen eventuell erweitert oder es müssen weitere Mediationen durchgeführt werden. Wenn die Klassengemeinschaft vom Konflikt betroffen ist oder in die Lösung mit einbezogen wird, sollte der Klassenlehrer informiert werden. Auch der Schulleitung sollte ein Informationsrecht eingeräumt werden, und in Fallbesprechungen muss offen über einen Konflikt und seine Beteiligten geredet werden dürfen. Insbesondere wenn einzelne Schüler häufiger in der Mediation erscheinen, ist eine offene Reflexion unabdingbar für gezielte Interventionen.

Das bisher Gesagte bezieht sich auf die gezielte und notwendige Weitergabe von Informationen. Vertraulichkeit hat im Übrigen durchaus ihren Platz. Den Konfliktparteien sollte versprochen werden, dass das, was im Mediationsraum zur Sprache kommt, nicht ungezielt nach außen getragen wird. Das heißt, es darf nicht einfach herumerzählt, im privaten Rahmen darüber geplaudert oder «getratscht» werden. Wenn am Ende der Mediation keine Informationsweitergabe notwendig ist, kann auch generelles Stillschweigen vereinbart werden. Dasselbe gilt für sehr private Details.

Die Delegationsfalle

Da der tägliche Umgang mit Konflikten sehr belastend ist, schleicht sich manchmal die Hoffnung ein, ausgebildete Schülerstreitschlichter nähmen den Lehrern diese anstrengende Arbeit ab und Schüler lösten ihre Konflikte in Zukunft auf konstruktive und friedliche Art selber. Dies ist ein Irrtum. Komplexere Konflikte müssen weiterhin von Erwachsenen entwirrt werden, und ausgebildete Schülerstreitschlichter benötigen eine intensive und kontinuierliche Betreuung. Der Ehrenkodex der Streitschlichter muss immer wieder überprüft und die Trainingsinhalte müssen aufgefrischt werden. Die Konfliktlotsen brauchen Fallsupervisionen (am besten mit Videounterstützung). Gemeinsame Aktivitäten als Anerkennung ihrer Leistungen sind ebenfalls wichtig. Durch regelmäßige Unternehmungen wird auch der Zusammenhalt der Streitschlichter gestärkt und ein Absinken der Motivation verhindert. Die Verantwortung für das soziale Klima darf nicht an die Schüler delegiert werden. Sie brauchen das dauerhafte Engagement und das Vorbild der Erwachsenen, um soziale Kompetenzen zu erwerben.

Die Mediationsfalle

Setzt eine Schule im Bereich Gewaltprävention vor allem auf die Methode der Mediation, ist die Gefahr groß, folgendem Motto zu folgen: «Wenn man nur einen Hammer hat, sieht jedes Problem aus wie ein Nagel.» Das heißt, es wird auch dann mit den Prinzipien der Mediation gearbeitet, wenn diese Prinzipien kontraindiziert sind. Und damit sind wir beim nächsten Thema.

Täter-Opfer-Ausgleich

Es gibt den schönen Ausspruch: «Zu einem Streit gehören immer zwei.» Doch nicht immer sind beide Konfliktparteien gleichermaßen für die Entstehung von Gewalt mitverantwortlich. Manchmal wird diese ausschließlich oder überwiegend von einer Seite ausgeübt. Schüler, die häufig gewalttätig agieren, sind Intensivtäter und haben schon früh gelernt, mit aggressiven Akten Ziele zu erreichen und Bedürfnisse zu befriedigen. In solchen Fällen ist die Mediation aus folgenden Gründen nicht das richtige Instrument zur Konfliktlösung:

Die Mediation geht von einem grundsätzlichen Interesse der Beteiligten an gewaltfreier Konfliktlösung, auch in der Zukunft, aus. Diese Bereitschaft ist bei gewaltbereiten Schülern selten gegeben. In der Mediation wird unterstellt, beide Seiten seien für den Streit mitverantwortlich und hätten etwas zur Eskalation beigetragen. Im Fokus stehen deshalb die gegenseitige Wiedergutmachung und die Frage, wie jeder einen Schritt auf den anderen zugehen kann. Bei einseitiger Gewalt käme diese Haltung einer unterlassenen Hilfeleistung gleich. Wird dem Opfer fälschlicherweise eine Mitschuld gegeben, wird es erneut gedemütigt, verletzt und nicht ernst genommen.

Die Mediation setzt bei der Lösung des Konflikts auf Freiwilligkeit. Beide Seiten müssen mit den Vereinbarungen einverstanden sein. Diese Haltung lässt sich bei einseitiger Gewalt nicht aufrechterhalten. Wer Gewalt anwendet, muss eine Wiedergutmachung leisten – ob er damit einverstanden ist oder nicht.

Aber auch einseitige Wiedergutmachungen allein reichen nicht aus. Schulstrafen als einzige Maßnahme führen in der Regel nicht zur erhofften Verhaltensänderung, da sie nichts an den wichtigsten Hauptmerkmalen von Intensivtätern ändern: ihrem fehlenden Einfühlungsvermögen in das Erleben ihrer Opfer und ihren ausgeprägten Rechtfertigungsstrategien. Bei einseitiger Gewalt braucht es deshalb ein verpflichtendes Wiedergutmachungsverfahren, in dem die Täter mit dem Erleben der Opfer konfrontiert und ihre Rechtfertigungsstrategien thematisiert werden und die Opfer eine Gelegenheit erhalten, eine Wiedergutmachung für das Erlittene einzufordern. Wir verwenden für dieses Verfahren den Begriff Täter-Opfer-Ausgleich (TOA). Manche reden auch von Tat-Ausgleich. Der schulische TOA darf jedoch nicht mit dem gleichnamigen Verfahren in der Jugendgerichtshilfe verwechselt werden. Es geht auch nicht darum, Täter zu Tätern und Opfer zu Opfern abzustempeln. Es geht um die Wiedergutmachung von Verletzungen – und damit um einzelne Verhaltensweisen.

Der TOA wird ausschließlich von Erwachsenen geleitet und ist als pädagogische Schulmaßnahme für die Gewalthandelnden verpflichtend. Im Gegensatz zur Mediation, wo die Allparteilichkeit und Neutralität im Vordergrund stehen, ergreifen die Leiter des TOA Partei für die Geschädigten und geben den Tätern die Gelegenheit, die verursachten Schäden und Verletzungen durch persönliches Handeln wiedergutzumachen. Auf Vorwürfe, Schuldzuweisungen und Einsichtsforderungen wird verzichtet. Zusätzlich zur Frage, wie die Verletzungen aus der Vergangenheit wieder ausgebügelt werden können, geht es auch um die Frage, wie sichergestellt werden kann, Übergriffe auch in Zukunft zu unterlassen. Wenn das Opfer, wie im Falle von Mobbing, bisher alleine stand, muss die Art der Unterstützung in der Zukunft thematisiert werden. In diesen Fällen kann auch mit ganzen Schulklassen oder mit Teilen davon gearbeitet werden. Selbst für Sachbeschädigungen ist der TOA geeignet. In diesem Fall vertreten Lehrer, der Schulleiter oder der Hausmeister die geschädigte Schule und beschreiben so eindringlich und detailliert wie möglich alle Folgen der Tat.

Beim TOA finden sowohl beim Opfer als auch beim Täter Lernprozesse statt: Die Geschädigten begreifen, kein Recht auf Gegengewalt, aber ein Recht auf Wiedergutmachung zu haben; sich selbstbewusst, aber gewaltfrei gegen Gewalt zu wehren, indem sie ihre Angst vor den Tätern überwinden, über das Erlittene zu reden und ihre Wut und Rachephantasien auszudrücken. Die Aggressoren lernen die Opferperspektive und die Folgen ihres Handelns kennen. So kann langsam, aber sicher verlorenes Einfühlungsvermögen wiedergewonnen werden. Wer sich in andere einfühlen kann, verletzt sie nicht mehr so leichtfertig wie bisher. Die Gewalttäter werden für ihr Verhalten verantwortlich gemacht, und ihre Gewaltrechtfertigungen und Schutzbehauptungen werden nicht akzeptiert. Durch die Einforderung einer anstrengenden Wiedergutmachung lernen sie, Verantwortung zu übernehmen, weil ihr Verhalten persönliche Konsequenzen hat. Es geht aber nicht darum, sie als Person schlecht zu machen oder abzuwerten. Abgelehnt wird das destruktive Verhalten.

Um den TOA erfolgreich zu machen, gilt es einige Fallstricke zu vermeiden:

Die Tätertrance

Bei Gewaltvorfällen richtet sich häufig die ganze Aufmerksamkeit auf die Täter, und der Erfolg der Maßnahmen wird ebenfalls am zukünftigen Täterverhalten gemessen. Um jeden Täter wird intensiv gerungen, die Opfer fühlen sich oft im Stich gelassen. Im Gegensatz dazu stehen beim TOA die Opferperspektive und die Wiedergutmachung für die Opfer im Vordergrund. Wenn derselbe Täter fünfmal im TOA war und fünf verschiedene Opfer gelernt haben, wie sie sich wehren können und eine Wiedergutmachung erhielten, dann sind fünf Opfer zu ihrem Recht gekommen, und der TOA war fünfmal erfolgreich. Wie die Täter die Lernprozesse im TOA verarbeiten und ob, wie schnell und wie umfassend sie ihr Verhalten ändern, kann niemand vorhersagen oder bestimmen. In manchen Fällen wird auch irgendwann das «Ende der Fahnenstange» erreicht sein und ein Schulausschluss notwendig werden. Aber dann ist die Entscheidung durch die Protokolle der TOA-Sitzungen fundiert und begründbar.

Die Bagatellisierungsfalle

Manchmal entsteht die falsche Vorstellung, beim Täter-Opfer-Ausgleich dürften nur die ganz harten und dramatischen Fälle verhandelt werden. Dies ist ein Irrtum. Beim TOA geht es nicht um die Schwere des Falles, sondern darum, bei einseitigen Übergriffen jeglicher Art sofort und entschieden zu reagieren, den Opfern eine Wiedergutmachung zu ermöglichen und den Tätern die Verantwortung für ihr Verhalten zu geben. Wie bei der Mediation geht es auch hier nicht nur um das Ergebnis, sondern um ein Training. Das Opfer trainiert, sich zu wehren, und die Täter trainieren Selbstverantwortung. Trainieren können die Schüler auch an «leichten» Fällen.

Übersehene Notwehr

Manche Schüler werden von anderen so in die Enge getrieben oder so lange drangsaliert, bis sie «ausflippen» und zur Gewalt greifen. Wenn dann nicht genau hingeschaut wird, kann ungerechtfertigt entweder eine Mediation durchgeführt werden, da ja scheinbar beide Seiten etwas zum Konflikt beigetragen haben, oder noch schlimmer ein TOA, bei dem das eigentliche Opfer zum Täter gemacht wird. Natürlich müssen auch die Opfer lernen, sich gewaltfrei zu wehren, aber die Hauptverantwortung für die Gewalt trägt in diesen Fällen nur eine Seite, und diese muss auch die Hauptlast der Wiedergutmachung tragen.

Die Abschottungsfalle

Häufig sind Schüler nicht dazu bereit, Gewalt aufzudecken, weil sie Angst vor der Rache der Gewalttäter außerhalb des Schulgeländes haben. Sie wissen, dass die Schule sie nicht unterstützt, weil die aggressive Aktion außerhalb des Einflussbereichs der Schule stattgefunden hat. Wenn eine Schule auf dem Standpunkt steht, alles, was außerhalb von ihr stattfindet, gehe sie nichts mehr an, ist jede Gewaltprävention zum Scheitern verurteilt. Vorfälle, die das Zusammenleben an der Schule beeinflussen, sollten in der Schule besprochen werden, egal, wo sie stattgefunden haben.

Das nachfolgende Diagramm zeigt zusammenfassend noch einmal die wichtigsten Bausteine einer gewaltpräventiven Arbeit an Schulen:

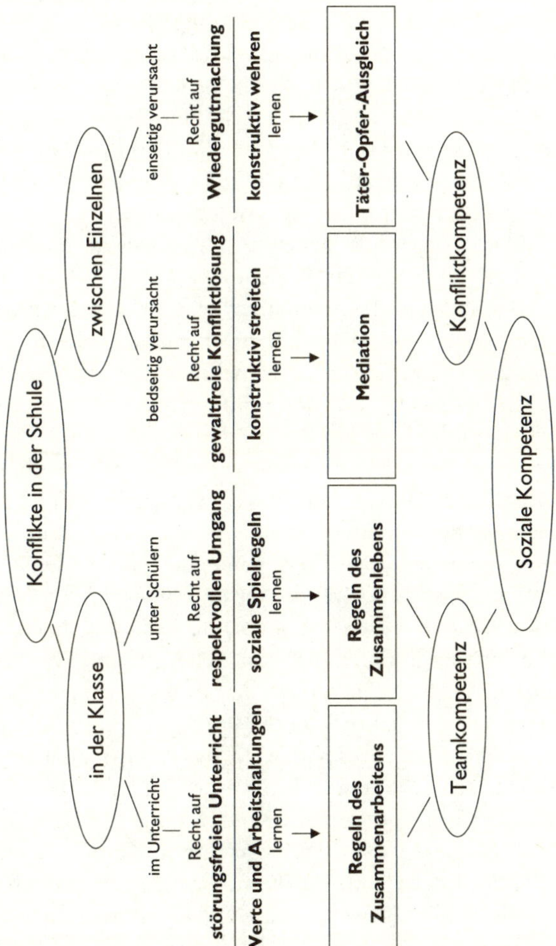

Elternarbeit

In Bezug auf die notwendige Zusammenarbeit mit den Eltern klaffen Wunsch und Wirklichkeit häufig weit auseinander. Die Gründe dafür sind vielfältig.

Gerade die Eltern, mit denen eine Zusammenarbeit am dringendsten notwendig wäre, weil ihre Kinder nicht die notwendigen Unterrichtsvoraussetzungen mitbringen, das Recht auf einen störungsfreien Unterricht verletzen oder sich anderen Schülern gegenüber aggressiv verhalten, sind häufig am wenigsten dazu in der Lage. Manche sind psychisch oder körperlich krank, wozu auch die Abhängigkeit von Suchtstoffen zählt. Andere sprechen kaum Deutsch. Wieder anderen ist es egal, ob ihre Kinder in die Schule gehen und was sie dort machen. Manche sind in destruktiven Beziehungsmustern gefangen. Und viele sind schlicht und einfach überfordert und bräuchten selbst Unterstützung. Umgekehrt haben engagierte Eltern, die ihre Erziehungsverantwortung ernst nehmen und sich vorbildlich für die Gemeinschaft mit der Schule einsetzen, häufig Kinder, die sich ebenfalls vorbildlich verhalten.

Wenn einzelne Schüler Regeln verletzen und die Eltern über diese Regelverletzungen informiert werden, eventuell mit der Bitte, gemeinsam an einer Lösung zu arbeiten, kann nicht mit einer Kooperation dieser Eltern gerechnet werden. Dasselbe gilt für den Fall, dass es notwendig wird, das destruktive Verhalten einzelner Schüler massiv zu konfrontieren und ihnen die persönliche Wiedergutmachung von Schäden und Verletzungen zuzumuten. Viele Eltern kennen den Unterschied zwischen konstruktiver Verhaltenskritik und persönlicher Abwertung nicht. Wenn das Verhalten ihres Kindes kritisiert wird, glauben sie, ihr Kind werde schlecht gemacht. Sie ergreifen einseitig Partei und stellen sich schützend vor das Kind. Sie erleben Kritik als Vorwurf und reagieren mit Gegenvorwürfen. Kommt noch hinzu, dass sich die Eltern voll mit ihrem eigenen Kind identifizieren und es nicht als eigenständige Person wahrnehmen können, fühlen sich die Eltern durch die Kritik am Verhalten des Kindes selbst abgewertet oder beschämt und reagieren zum Teil hochaggressiv oder mit Rückzug. Diese Reaktionen werden noch dadurch verstärkt, dass sich die meisten Kinder zu Hause anders verhalten als in der Schule und das Bild vom eigenen Kind grundsätzlich positiver ist, als dies durch objektive Verhaltensdaten belegbar ist.

Ein weiteres Hemmnis in der Zusammenarbeit mit Eltern ergibt sich aus den unterschiedlichen Erziehungsstilen, die heute praktiziert werden. Manche Eltern melden ihre Sprösslinge mit der Bemerkung in der Schule an: «Na ja, Hauptsache, mein Kind hat in der Schule Spaß!» Das Leben soll vor allem Spaß machen. Hedonismus und Konsumdenken sind angesagt. Wenn eine Schule dann von den Kindern Leistung und Anstrengungsbereitschaft einfordert, sie an ihre Grenzen bringt, notwendigen Frustrationen aussetzt und ihnen Phasen der Langeweile zumutet, hört der Spaß für einige Eltern auf. Andere Eltern wollen ihren Kindern gegenüber vor allem nett sein. Sie glauben, Kinder seien zerbrechliche Wesen, die behütet aufwachsen müssen. Wenn an der Schule dann auch mal «Schluss mit lustig!» ist, finden das manche Eltern gar nicht lustig und reagieren sauer. Dasselbe gilt für das Thema Freiheit. Wenn Schulen klare Regeln aufstellen, die für alle gelten, betrachten manche Eltern dies als Freiheitsberaubung und gehen auf die «Barrikaden».

Nicht alle Eltern finden es gut, wenn in der Schule neben der Wissensvermittlung auch das soziale Lernen seinen Platz bekommt. Wenn die Lehrer den Gefühlen, den Bedürfnissen und der Lebenswirklichkeit der Schüler Interesse entgegenbringen und es unterstützen, wenn sich die Schüler in der Klasse darüber austauschen, können auch private Dinge zur Sprache kommen. Manche Eltern haben dann Angst davor, dass «Familiengeheimnisse» ausgeplaudert werden, und wenden sich gegen soziale Methoden im Unterricht. Hinter dem beiderseitigen Anspruch auf Zusammenarbeit versteckt sich häufig noch ein anderes Motiv. Zusammenarbeit heißt für manche nichts anderes als: «Der andere soll's machen!» Die Lehrer hätten gerne Schüler, die von den Eltern pflegeleicht erzogen sind, und die Eltern sähen gerne wohlerzogene Kinder von der

Schule nach Hause kommen. Werden diese Vorstellungen enttäuscht, sucht jede Seite die Schuld bei der jeweils anderen – und die Zusammenarbeit steht unter dem Motto: «Ich sag dir mal, was du zu tun hast!»

Aus den bisherigen Ausführen ergeben sich folgende Grundsätze der Elternarbeit: Beide Seiten verzichten darauf, die Erziehungsarbeit an die jeweils andere Seite zu delegieren und sich gegenseitig ändern zu wollen. Keine Seite kann der jeweils anderen die Erziehungsverantwortung abnehmen. Jede Seite kann nur da wirksam werden, wo ihr Wirkungsbereich ist, selbst wenn die andere Seite sich nicht so verantwortlich verhält, wie es wünschenswert wäre. Die Schule setzt sich zum Ziel, den autoritativen Erziehungsstil umzusetzen. Dieser zeichnet sich dadurch aus, zwar streng und konsequent, gleichzeitig aber auch liebevoll und wertschätzend zu sein. Gemeinsam wird dieser Erziehungsstil auch gegen Elternwiderstände durchgesetzt.

Die Schule informiert die Eltern rechtzeitig über die eingesetzten Regeln und Methoden, erklärt diese ausführlich und lädt zur Mitarbeit ein. Die Eltern werden kontinuierlich über das Verhalten ihres Kindes innerhalb und außerhalb des Unterrichts informiert. Der Fokus sollte dabei auf der Rückmeldung positiver Verhaltensweisen liegen. Häufig wenden sich Lehrer nämlich nur dann an die Eltern, wenn es Probleme mit dem Kind gibt. Dies ist eine der Ursachen für eine defensive Einstellung der Eltern gegenüber den Lehrern. Müssen Verhaltensschwierigkeiten thematisiert werden, sollte der Fokus auf der gemeinsamen Lösung liegen und nicht auf Schuldzuweisungen oder Vorwürfen.

Eltern, die ihre Erziehungsverantwortung nicht wahrnehmen können oder wollen, brauchen Hilfsangebote. Erscheinen sie beispielsweise nicht zu Elternabenden oder Elterngesprächen, weil sie Angst haben oder sich schämen, bringt die aufsuchende Elternarbeit häufig schon Erfolge. In anderen Fällen ist es notwendig, den Eltern möglichst viel Erziehungsverantwortung abzunehmen und dem Kind Betreuungsangebote zu machen. Aus diesem Grund ist die Einrichtung von Ganztagesschulen sinnvoll.

Eltern, die sich engagieren können und wollen, sollten vielfältige Partizipationsangebote gemacht werden. Es gibt Schulen, an denen organisieren und betreuen Eltern einen Auszeitraum für Schüler, die das Recht auf störungsfreien Unterricht missachten. An anderen Schulen engagieren sich Eltern im Bereich Mediation. Eltern organisieren Hausaufgabenbetreuungen, gestalten Projekttage oder stiften einen Sozialpreis, der an Schüler vergeben wird, die sich besonders vorbildlich verhalten. Wieder andere sind Initiatoren von Schulfesten, Flohmärkten, Sportevents, Theaterprojekten, Musikgruppen oder Chören, an oder in denen Lehrer, Eltern und Schüler gemeinsam mitwirken.

Wege zum Ziel

Es gibt nicht *den* Weg zum Ziel. Die bisher beschriebenen Methoden und Erfolgsbedingungen von Gewaltprävention und sozialem Lernen können auf vielfältigste Weise umgesetzt werden. Es gibt Schulen, an denen die Hauptinitiative von der Schulleitung ausgeht, und es gibt andere Schulen, bei denen das Kollegium oder Teile davon initiativ werden. Manche Schulen brauchen eine lange Planungsphase, Gremienarbeit, Konferenzen und Steuerungsgruppen, während andere einfach loslegen. Es gibt Schulen, die beginnen mit einem Pädagogischen Tag (mit oder ohne Eltern), und es gibt Schulen, die darauf verzichten. Drei Dinge lassen sich jedoch verallgemeinern:

1. *Fortbildung:* Ohne intensive Fortbildung lässt sich der Anspruch auf Gewaltprävention und soziales Lernen nicht verwirklichen. Die bisherigen Ausführungen zeigen deutlich, welch eine Vielzahl von Kommunikationskompetenzen beherrscht werden müssen, um professionell mit Schülern arbeiten und mit Konflikten umgehen zu können. Niemand wird mit diesen Kompetenzen geboren. Sie müssen erworben und geübt werden. Auch die hier beschriebenen Merkmale eines nicht bestrafenden, aber konsequenten Erziehungsstils und die dazugehörigen inneren Haltungen müssen gelernt und durch die kontinuierliche

und konsequente Anwendung im Alltag verinnerlicht und automatisiert werden. Es nützt auch nichts, diese Arbeit von Experten, wie beispielsweise den Schulsozialarbeitern, machen zu lassen. Die Kompetenzen müssen dort zum Einsatz kommen, wo die Schüler zum größten Teil sind: im Unterricht. Ziel ist die Stärkung der Kommunikations- und Erziehungskompetenz aller Kolleginnen und Kollegen. Hier ist auch die Bildungspolitik gefordert, die den Schulen die für die Fortbildung notwendigen zeitlichen und finanziellen Ressourcen zur Verfügung stellen und die Fortbildungsinhalte bereits in die Lehrerausbildung integrieren sollte.

2. *Schritt für Schritt:* Viele Schulen überfordern sich, weil sie zu schnell zu viel wollen oder aus irgendwelchen aktuellen Anlässen in blinden Aktionismus verfallen. Der Weg entsteht beim Gehen, Schritt für Schritt. Zunächst einmal muss der vordringliche Handlungsbedarf geklärt werden. Sollen zunächst eher die Regeln des Zusammenarbeitens und -lebens im Vordergrund stehen oder eher Mediation und TOA? Bei den ersten beiden Bereichen besteht die Herausforderung darin, die Lehrer einer oder mehrerer Klassen beziehungsweise Klassenstufen zur Teamarbeit zu bewegen. Die Herausforderung bei Letzterer besteht darin, die notwendigen organisatorischen Rahmenbedingungen zu schaffen (beispielsweise einen Mediationsraum einzurichten) und den isolierten Projektstatus zu verhindern. In allen Fällen jedoch braucht es eine Langzeitperspektive von mindestens drei Jahren, bis eine Methode zum Alltag gehört und als Selbstverständlichkeit nicht mehr wegzudenken ist.

3. *Begleitung:* Der Teufel liegt bekanntlich im Detail, und auf dem Weg zum Ziel gibt es viele Details, auf die geachtet werden muss. Innere und äußere Widerstände, Hemmnisse und Schwierigkeiten müssen überwunden werden, und manchmal gibt es auch Streit, der eskalieren kann, wenn er nicht bearbeitet wird. Aus all diesen Gründen ist eine externe Begleitung sinnvoll, da sie eine neutralere und objektivere Sicht einnehmen, moderieren und vermitteln kann. In der konkreten Arbeit mit Schülern

drohen immer wieder negative Gewohnheiten und Verhaltensmuster sowie die Verstrickung mit eigenen Themen und Problemen. Deshalb ist an Schulen auch eine externe oder kollegiale Supervision notwendig. Bei der Supervision gibt es für die Bildungspolitik ebenfalls noch viel zu tun, um sie zum Standard an Schulen zu machen.
Das nachfolgende Beispiel eines Schulvertrags soll zeigen, welche Früchte ein langer Weg, mit vielen Fortbildungsstunden und intensiver und kontinuierlicher Arbeit vieler Lehrer tragen kann. Ohne die mehrjährige Vorarbeit wäre dieser Vertrag einfach nur ein Stück Papier. So aber helfen viele Hände mit, das, was auf dem Papier steht, auch umzusetzen und von vielen Schultern tragen zu lassen.

Gemeinsam lernen und sich wohl fühlen

Schulvertrag der Waldeck-Schule

Als Schüler/in der Waldeck-Schule in Singen akzeptiere ich zusammen mit meinen Eltern folgende Ziele:

1. Störungsfreier Unterricht!

Alle Schüler/innen und Lehrer/innen haben das Recht auf einen störungsfreien Unterricht!

* Ich bin pünktlich, bringe mein Arbeitsmaterial und die Hausaufgaben mit und halte mich an die Gesprächsregeln.
* Wenn ich die Regeln einhalte, erhalte ich Anerkennung.
* Regelverletzungen haben Konsequenzen.

2. Keine Gewalt!

Alle Schüler/innen und Lehrer/innen haben das Recht, respektvoll behandelt zu werden.

* Ich verletze niemanden, weder mit Worten, Gesten oder Taten.

* Konflikte löse ich friedlich.
* Die Verletzungen oder Schäden, die durch mein Verhalten entstehen, mache ich wieder gut.

3. Respekt vor Eigentum!

Alle Schüler/innen, Lehrer/innen und die Schule haben ein Recht auf Eigentum.

* Ich behandle das Eigentum der Schüler/innen, der Lehrer/innen und der Schule respektvoll.
* Ich nehme niemandem ungefragt etwas weg und mache nichts kaputt.
* Sachschaden mache ich wieder gut.

4. Umgangsformen!

Alle Schüler/innen und Lehrer/innen haben das Recht auf höfliche Umgangsformen.

* Ich grüße freundlich.
* Ich sage „danke" und „bitte".
* Ich befolge die Anweisungen der Lehrkräfte.

____________________ , den ____________________

______________ ______________________ ____________________

Schüler/in Erziehungsberechtigte Klassenlehrer/in

Teil IV

Impulse zum Umgang mit Aggression im Kindergarten

von Gabriele Haug-Schnabel

Aggression Raum und Form geben – Gewalt vermeiden

«Aggression Raum geben – Gewalt vermeiden» heißt das Motto des Südtiroler Gewaltpräventionsprojekts, das für alle Lehrpersonen vom Kindergarten über die Grundschule, Mittelschule bis zur Oberschule vom Deutschen Schulamt (Dienststelle für Gesundheitserziehung, Integration und Schulberatung, Bozen) in Zusammenarbeit mit Präventionsexperten seit mehreren Jahren durchgeführt wird. Das aktuelle Motto gibt in knappen Worten einen wichtigen Aspekt des momentanen Forschungsstands zu kindlichen Aggressionen wider. Das Präventionsziel besteht nicht darin, generell kindliche Aggressionen zu verhindern, sondern die Kinder früh im Umgang mit auftretenden Aggressionen kompetent zu machen, um Gewalt zu vermeiden, indem gewalttätigen und destruktiven Lösungsversuchen konsequent der Erfolg und die Anerkennung verwehrt bleiben und gewaltfreie Strategien so vertraut sind, dass sie auch im Konfliktfall zur Verfügung stehen.

Die Angst davor, dass Gewalttätigkeiten unter Kindern und Jugendlichen zunehmen könnten, lässt aggressives Verhalten generell nicht mehr unbefangen beobachten, analysieren und differenziert beantworten. So ist den meisten Erziehern und Lehrern in vielen Situationen nicht gegenwärtig, dass es sich bei Reaktionen wie etwas in Angriff nehmen, seine eigene Meinung und seine Interessen vertreten und sich auch gegen Widerstände durchsetzen ebenfalls um aggressive Verhaltensmuster handelt, die aber wichtig sind, da sie Kinder und Jugendliche in ihrem Eigenbewusstsein stärken und zur Weiterentwicklung anregen.

Aggressionsbereitschaft ist immer vorhanden, denn auf Widerstände und mögliche Verletzung provozierend zu reagieren, gehört zu unserer menschlichen Natur und hat durchaus auch positive Effekte auf den Einzelnen und auf die Gruppe, in der er lebt und aktiv ist. Das trifft selbstverständlich nicht auf jede Form der gezeigten Aggression zu. Gewalttätige Handlungen brauchen dringend wachsame Früherkennung, pädagogische Intervention und eindeutige Konsequenzen.[148]

Es darf nicht vergessen werden, dass gelegentliche Aggression durchaus als Zeichen von Aktivität und gegenseitigem Interesse gewertet werden muss. Ein Kind, das mit niemandem in Kontakt tritt und in keine gemeinsame Aktivität einsteigt, wird kaum die Gelegenheit zu einem Konflikt oder gar einer Auseinandersetzung haben, was beides aber eine wichtige Erfahrung darstellt. Es muss zu Meinungsverschiedenheiten kommen, Widerstand und Streit geben dürfen, um zu erleben, wie nicht verletzende und tragfähige Lösungen aussehen können. Videoanalysen im Kindergarten zeigen deutlich, dass Kinder oft überraschende eigene Lösungen finden, um aus Konflikten herauszukommen, die durchaus wirkungsvoll sein können und Schritte auf dem Weg zur Problemlösekompetenz darstellen können.[149]

Man braucht Aggressivität, um auf nicht befriedigte Bedürfnisse, auf erlittene oder gesehene Ungerechtigkeit oder Benachteiligung aufmerksam zu machen. Jedes Gruppenmitglied benötigt ein gewisses Maß an Aggression, um sich unter den anderen wohl zu fühlen und von ihnen anerkannt zu werden. Schon Spielgruppen im Kindergartenalter bevorzugen Mädchen und Jungen, die ihre Meinung sagen, eigene Ideen haben und sich auch mal durchsetzen können. Hierzu muss auch von den Erwachsenen die Möglichkeit gegeben und spontan dazu ermuntert werden, denn immer wieder auftretende Meinungsverschiedenheiten könnten ohne Widerspruch nicht geklärt werden – und niemand hätte die Durchsetzungskraft, einen Konflikt anzugehen und gemeinsam um eine befriedigende Lösung durch Nachdenken und mit Worten zu «ringen».

Trotz allem Gebot, beim aggressiven Agieren zu differenzieren, ist die Dringlichkeit einer frühen Gewaltprävention unumstritten, wobei das Verständnis von Gewalt Ansichtssache und somit breit gefächert ist. Was sind noch alterstypische Raufereien, harmlose Rempeleien oder Auseinandersetzungen auf Grund von unterschiedlicher Meinung oder Konkurrenz? Anders ausgedrückt: Ab wann beginnt Gewalt? Weitgehende Einigkeit bezüglich des Gewaltverständnisses besteht in Bezug auf eine intendierte physische Gewalteinwirkung oder deren Androhung sowie psychische Gewalt, die in Form von Zwang, Beleidigung, Verachtung oder Ausschluss ablaufen kann. Der Forschungsschwerpunkt liegt heute weltweit auf der Evaluation der bereits in Vielzahl vorhandenen Anti-Gewalt-Projekte, um die nachhaltig wirksamen Komponenten der pädagogisch-psychologischen Programme herauszudestillieren und ein hochpotentes Angebot vorlegen zu können. Täter- wie Opferkarrieren sollen möglichst wirkungsvoll verhindert werden, da ihre immer wieder nachgewiesene Stabilität im Entwicklungsverlauf gefürchtet wird.

Der Begriff «Prävention» bezeichnet den Versuch, Probleme wie Angst, Sucht oder Gewalt zu verhindern, und zwar bevor sie entstehen.[150] Prävention beschäftigt sich also vorauseilend mit etwas, das noch gar nicht existiert. Prävention muss im Voraus greifen, ihren Weg über die Behandlung oder Behebung von erst vermuteten Ursachen nehmen. So unbestritten die Notwendigkeit von Prävention als solche ist, so unklar sind noch immer die Vorstellungen darüber, wie Prävention gemacht werden soll, damit sie ihr Ziel – die Verhinderung von etwas noch nicht Vorhandenem – möglichst effizient erreichen kann. Zum Beispiel, zu welchem Zeitpunkt, auf welchen Wegen und in welcher Gruppenkonstellation welche Angebote die größte Chance haben, von den Kindern angenommen zu werden.

Erziehung ist schwieriger geworden

Viele Laien, aber auch Pädagogen gehen davon aus, dass gewalttätige Aktionen unter Kindern sowohl quantitativ als auch qualitativ zugenommen hätten und Kinder heute «roher» und «boshafter» im Umgang miteinander seien, was sich empirisch – sicher auch wegen erheblicher methodischer Probleme – für die Gesamtheit der Kinder nicht nachweisen lässt. Überhaupt, so wird vielfach behauptet, seien Kinder heute einfach «anders», womit in der Regel schwieriger oder zumindest anstrengender gemeint ist.[151]

Kinder sind zweifellos anders geworden, aber auch Kindheit ist anders geworden. Das in den meisten Fällen einzige Kind wird in vielen Familien zu etwas ganz Besonderem, was nicht nur Vorteile mit sich bringt. Generationenübergreifende Erfahrungen mit Kindern, wie auch gemeinsames Aufwachsen von Kindern einer Familie, fehlen. Alle Erwartungen – aber auch alle Ängste – konzentrieren sich auf dieses eine Kind, was bei Eltern schnell zu Panik, beim Kind zu massivem Druck führen kann. Mehrere Lebenswelten parallel zu haben, gehört heute eher zur Normalität, wobei Krippe oder Kindergarten, Eltern- und Großelternhaus nur dann bereichernd erlebt werden, wenn alle nötigen Voraussetzungen stimmen. Immer mehr Kinder müssen familiale Übergänge in Folge von Elterntrennung oder Scheidung bewältigen; immer mehr Kinder erleben auch soziale Benachteiligungen aufgrund von Armut und elterlicher Arbeitslosigkeit. Und Zukunftsängste und berufliche Verunsicherung der Eltern wie auch familienfeindliche Formen der Berufstätigkeit führen dazu, dass immer mehr Kinder und Jugendliche im Elternhaus wenig Halt, Orientierung und Unterstützung erfahren.[152]

Kinder werden heute in stärkerem Maße als früher als eigenständige Persönlichkeiten gesehen. Das selbstbewusste und durchsetzungsfähige Kind wird erziehungsmäßig anvisiert. Dazu die Soziologen Dietmar Sturzbecher und Heidrun Großmann: «Dementsprechend hat sich auch der Erziehungsstil der meisten Eltern und Pädagogen verändert. Statt des Einforderns von Gehorsam wird heute eher verhandelt, elterliche Restriktion wird seltener. Klare Regeln und Grenzen sind häufig nicht mehr vorgegeben, was es nicht nur Kindern, sondern auch Eltern, Erzieher/innen und Lehrer/innen schwieriger macht, miteinander umzugehen.»[153] Mit den gesellschaftlichen Werten haben sich die Erziehungsziele geändert, es gibt kein nicht zur Diskussion stehendes Erziehungsinstrumentarium mehr. Heutige Kinder sind «aufmüpfiger», sie pochen auf die Durchsetzung ihrer Interessen, verlangen Begründungen für Forderungen ihnen gegenüber und wollen an Entscheidungen, die ihr Leben betreffen, beteiligt sein. Das ist für ihren Lebensweg gut, selbst wenn es für Erwachsene vielleicht anstrengender ist.[154]

Erziehungsberatung hat Hochkonjunktur, da Eltern leicht verunsichert und schnell überfordert sind, besonders so genannte infantile Eltern, die es unter heutigen Anforderungen selbst nicht schaffen, erwachsen zu werden, nicht bereit oder nicht in der Lage sind, Verantwortung oder Erziehungsautorität zu übernehmen, also zu keiner Entscheidung und Strukturgebung fähig sind. Das ist in unserer «Alles-geht-Gesellschaft» besonders schlimm. Aufgrund der vielen Wahlmöglichkeiten, sowohl bei Alltagsdingen als auch bei den großen Lebensfragen, stecken wir in dem Dilemma, uns ständig für und zugleich gegen vieles andere entscheiden zu müssen. Soll das einigermaßen gelingen, müssen dauernd Informationen eingeholt, Zusammenhänge erkannt und Folgen abgeschätzt werden.[155]

Immer mehr Elternkurse (zum Beispiel Triple P, STEP, Starke Eltern – starke Kinder, Gordon-Familientraining) verfolgen zwar verschiedene Ansätze, aber auf das Wesentliche reduziert, haben sie alle das gleiche Ziel: Eltern darin zu stärken, bewusst Erziehungsverantwortung zu übernehmen und sich in kritischen Situationen im Umgang mit ihren Kindern sicherer zu fühlen, da sie dadurch den Kindern Struktur und Orientierung bieten. Eine emotional warme, offene, dennoch strukturierte Erziehung stärkt und schützt ein Kind.[156]

In Auseinandersetzungen, bei Stress und gegenseitigen Anforderungen zeigt sich Erziehungsqualität. Kinder fordern durch ihr Verhalten den Erziehungsrahmen ein, der ihnen Entwicklungsfortschritte möglich macht. Das Kind nimmt am Sozialleben teil, indem es die hier geltenden Normen abfragt, um sich in dieser Welt einnischen zu können. Wenn ein Kind sich also zeitweilig aufdringlich und aufmüpfig verhält, erhöht es die Chancen auf eine schnelle und zweifelsfreie Antwort. Bleibt man dem «fragenden» Kind die Antwort schuldig, weil man ihm Frustrationen oder sich selbst die Auseinandersetzung ersparen will, kehrt keine Ruhe ein, im Gegenteil, es kommt zu verschärften Provokationen. Das Kind wird unausstehlich, denn es braucht die Antwort, entweder ein Freiraum schaffendes Ja oder ein eindeutig bremsendes Nein, mit dem von jetzt ab immer an dieser Stelle zu rechnen ist. Ein Nein, bei dem das Kind weiterhin wertgeschätzt bleibt, ihm seine momentane Handlung jedoch – ohne Liebesentzug – untersagt wird. Nur das Setzen konsequenter, aber auch einsichtiger Grenzen schafft die so wichtigen klärenden Verhältnisse, in denen ein Kind handlungs- und dadurch entscheidungsfähig wird.

In diesen Situationen werden elterliche Kompetenzen abgefragt. Ein autoritativer (demokratischer) Erziehungsstil, bei dem Wertschätzung, Respekt und Akzeptanz dem Kind gegenüber auffallen und Sicherheit im Erziehungsverhalten zu spüren ist, zeigt hier die größten Erfolge.[157] Eltern oder Erzieher müssen klar zum Ausdruck bringen, welches Verhalten sie erwarten und welches von ihnen nicht akzeptiert wird. Deshalb sind sie auch aufmerksam für kindliches Verhalten und schreiten gegebenenfalls ein. Das Kind merkt, dass es «im Blick bleibt», in seiner Selbständigkeit ernst genommen und unterstützt wird, es spürt die emotionale Zugewandtheit der Erwachsenen und profitiert von dieser offenen, partnerschaftlichen Kommunikation, die Wärme signalisiert, aber auch fordert und zugleich Grenzen setzt.

Sind Kindergartenkinder aggressiv, womöglich gewalttätig?

Kindergartenkinder tragen im Vergleich zu anderen Altersgruppen viele Konflikte aus und setzen hierbei auch auffallend oft aggressive Mittel ein. Die *körperliche (physische)* oder auch *tätliche Aggression* im Kindergarten bekommt von allen Beteiligten die meiste Aufmerksamkeit, da sie wegen der von ihr ausgehenden Verletzungsgefahr und aus Sorge vor weiteren Eskalationen, die in die ganze Gruppe getragen werden, gefürchtet ist.

Die *verbale Aggression* ist zahlenmäßig häufiger als die tätliche Aggression, aber weit weniger beachtet, vor allem weniger negativ beleumundet und in ihrer «Schlagkraft» völlig unterschätzt. Sie reicht mit abnehmender Häufigkeit von Necken über Spotten, Beleidigen, Hänseln bis Drohen. Erpressen, Intrigieren und Ausgrenzen kommen nur in seltenen Einzelfällen vor, sind aber immer alarmierend.

Trotz dieser Konflikthäufigkeit und der spontan aggressiven Austragung von Auseinandersetzungen kann bei einer genaueren Analyse der Ursachen nicht von einer vorhandenen «Gewalttätigkeit» unter Kindergartenkindern gesprochen werden. Bis auf einige Ausnahmen, die dann allerdings bereits dem Aktionsbereich aggressiver Risikokinder zuzuordnen sind, ist diese alterstypische Aggressionshäufung ein Zeichen noch mangelhafter sozialer Kompetenzen, ein Ausdruck interaktiver Hilflosigkeit, die bei genügend Erfahrungsmöglichkeiten in einer angemessenen pädagogischen Struktur kontrollierbar bleibt und unter guten Sozialisationsbedingungen zumeist bis zum fünften Lebensjahr «von allein» zurückgeht.

In der Mehrzahl handelt es sich um ungünstige Strategien beim Durchsetzen der eigenen Interessen, mangelnde Impulskontrolle und deutliche Verständnisprobleme bezüglich der Intentionen anderer, jedoch höchst selten um vorsätzliche Schädigungsabsichten. Es ist der Entwicklungsabschnitt, in dem ein Kind mit vielen anderen Kindern erstmals in Kontakt kommt, zusammen spielt, interagiert und zu kooperieren, bald auch zu konkurrieren versucht. Die sozialen Anforderungen sind weit höher als beim bislang dominierenden und jetzt stark zurückgehenden Allein- oder Parallelspiel.

Vor allem der Umgang mit Gefühlen, den eigenen und denen der anderen, macht den Zwei- und Dreijährigen noch zu schaffen. Meist ist es das gemeinsame Interesse an einem Gegenstand, das bei Zweijährigen einen Kontakt initiiert, dadurch aber auch einen Konflikt recht wahrscheinlich macht. Verhaltensbeobachtungen zeigen, dass es unter Zweijährigen recht häufig zu kurzfristig dramatisch wirkenden, aber schnell wieder abschwellenden Auseinandersetzungen kommt, die das gemeinsame Weiterspiel wenig beeinträchtigen. Über 80 Prozent der Aggressionen zwischen Kindern sind in diesem Alter Besitz- oder genauer Interessenskonflikte, bei den Drei- bis Fünfjährigen machen sie noch über 60 Prozent aller Auseinandersetzungen aus. Eine genaue Verlaufsanalyse typischer Kämpfe um Gegenstände zeigt, dass es im Endeffekt recht selten um den Besitz des Gegenstandes geht oder um die Möglichkeit, längerfristig mit ihm zu spielen, sondern viel mehr um die Frage: «Kann ich den Gegenstand erfolgreich verteidigen und behalten?» Oder: «Kann ich ihn einem anderen Kind streitig machen?» Oder: «Was bekomme ich dafür?»

Geben, Wegnehmen, Ausleihen, Tauschen, Teilen und Schenken sind komplexe Interaktionen, die erst mit Leben gefüllt werden müssen, um begriffen zu werden. Wieder braucht es Übung und konsequente Hüter der Fairness, denn 80 Prozent der Interessenskonflikte werden durch eine aggressive Handlung beendet. Und in wieder fast 80 Prozent dieser Fälle ist der Aggressor erfolgreich, da das angegriffene Kind meist nachgibt und Kompromisse eine noch zu hohe Kommunikationshürde darstellen.[158]

Wir finden im Kindergarten zwar eine Vielzahl von Szenen aggressiver Konfliktbearbeitung, aber in der Regel kein gewalttätiges Verhalten. Die Aggressionen dieser Altersgruppe werden durch ein entwicklungsbedingtes Kompetenz-Handicap im sozialen Miteinander ausgelöst. Mit steigender Sozialkompetenz, verbesserter Informationsverarbeitung und zunehmender Gruppenfähigkeit werden Konflikte nicht automatisch seltener, aber auf anderen als aggressiven Wegen gelöst und dadurch nachhaltiger beendet. Die hohe Verantwortung dieser begleitenden Erziehungsaufgabe wird noch zu wenig gesehen.

Lernfeld Aggression – die Notwendigkeit einer Gewaltprävention im Kindergarten

Auch wenn Konflikte im Vorschulalter als Normalphänomene zu betrachten sind, heißt dies keinesfalls, dass Konflikte beziehungsweise die Art und Weise ihrer Austragung nicht beachtet werden müssen. Denn hier besteht die potenzielle Gefahr, dass es zu gefährlichen Lerneffekten kommt und sich aggressive Verhaltensweisen manifestieren.[159] Aggressive Aktionen oder Reaktionen dieser Altersgruppe verdienen Beachtung und benötigen in den ersten Sozialisationsjahren eine klar positionierte Antwort. Entweder braucht die aggressive Handlung eine Einhalt gebietende Antwort, weil ein derartig vehementes, womöglich verletzendes Verhalten nicht toleriert werden kann und somit auch nicht erfolgreich sein darf. Oder eine bestätigende Antwort, dass es angebracht war, hier Widerstand zu leisten oder laut und deutlich auf eine Ungerechtigkeit oder Zumutung hinzuweisen. Ton und Form des Aufbegehrens werden hierbei akzeptiert. Es muss auf jeden Fall klar sein, dass nur unter diesen Voraussetzungen Kontrahenten – selbst wenn der Protest berechtigt ist – mit Aussicht auf Erfolg zum Nachdenken und vielleicht sogar zu einer Verhaltensänderung bewegt werden können.

Die *aggressive soziale Exploration,* im Volksmund Trotzen genannt, ist eine für Kleinkinder typische, äußerst wichtige Aggressionsform, bei der das Kind versucht, gegen alle Widerstände aggressiv anzugehen, um zu erfahren, wo sein Wille durchsetzbar ist und wo sich unüberwindbare Grenzen befinden.[160] Das Kind muss – auch wenn es den Erwachsenen lästig erscheint – gegen soziale Regeln aktiv verstoßen und Reaktionen provozieren, um seinen alterstypischen Handlungsspielraum auszuloten, um soziale Orientierungshilfen zu erhalten. Es will wissen: Wie weit kann ich mit Nörgeln und Jammern gehen, um meinem Wunsch Nachdruck zu verleihen, was kann ich mir ungestraft an Ungehorsam leisten, wie lange kann ich tyrannisieren, bevor ich gestoppt oder gar ausgeschlossen werde? Versuche, diesen Konflikten auszuweichen, müssen weitere, verschärfte Provokationen nach sich ziehen, da der Interaktionspartner bislang eine klärende Antwort schuldig blieb. Diese aggressiven Vorstöße sind nicht etwa abzudressierende Ungezogenheiten, sondern ein wichtiger Teil des sozialen Lernens. Zwei ideologisch begründete extreme Erziehungskonzepte werden allein schon aus diesem Grund dem Kind nicht gerecht: die bestrafende Verweigerung einer Versöhnung durch die Erwachsenen nach einer für die kindliche Entwicklung wichtigen Trotzreaktion und ebenso die antiautoritäre Erziehung, die dem Kind durch zielloses Gewährenlassen das Kennenlernen von einigen immer geltenden Regeln und Struktur gebenden Grenzen – und damit auch Sicherheit – verweigert.[161]

Wenn man hier weiterdenkt, so wäre es aus Kindersicht auch unsinnig, schon vor einem klaren Nein die begonnene und sich erfolgreich anbahnende Aktion zu beenden, weil es sein könnte, dass man Siege und eine Vergrößerung des Handlungsspielraums verschenken würde. Die Stoppsignale jedoch zu ignorieren, also zu spät aufzuhören, wäre aber genauso fehl am Platz, weil ein interaktiver Scherbenhaufen zurückbliebe und mit wirklich einschneidenden Folgen zu rechnen wäre.

Das sind Spielregeln, die ein soziales Miteinander von Menschen mit ganz verschiedenen Bedürfnissen möglich machen. Doch diesen Regeln muss man erst begegnen, sie beobachten, erlernen, vielleicht sogar ihren Wert erkennen. Dies kann kein Kind allein leisten, trotz aller frühen interaktiven Kompetenzen, hier bedarf es verantwortungsbewusster Erwachsener mit Aufmerksamkeit und Responsivität, die klar Stellung beziehen, notfalls auch eingreifen und als günstige Modelle durch die Schaffung vielfältiger Erfahrungsmöglichkeiten in gewalt- und niederlageloser Konfliktbewältigung ein förderliches Sozialisationsumfeld bieten.

Die spektakulären Ergebnisse der «Kinderläden-Untersuchungen» aus den siebziger Jahren überraschen in ihrer Eindeutigkeit noch immer.[162] Jungen und Mädchen repressionsfrei und dadurch frustrationsfrei zu erziehen und bei Konflikten als Erwachsener eine neutrale Haltung einzunehmen, hatte nicht – wie erwartet – zu einer harmonischen geschlechtlichen Angleichung geführt, sondern zu einem ausgeprägteren Rollenstereotyp als in klassischen Kindergärten der damaligen Zeit. Die Jungen lösten ihre Konflikte vorzugsweise mit brachialer Gewalt und fanden dies auch richtig, während Kinderladenmädchen noch bereitwilliger nachgaben und ängstlicher agierten als Mädchen aus «normalen» Kindergärten. Inzwischen bestätigen zahlreiche nachfolgende empirische Untersuchungen, dass aggressive Verhaltensweisen sich im Vorschulalter stabilisieren können, besonders wenn die Aggressoren zumeist erfolgreich sind und keine Sanktionen zu befürchten haben.

Dass Kinder Konflikte möglichst unter sich lösen sollten, ist eine zu wenig differenzierte Forderung. Das können sie, sogar beeindruckend kompetent, aber nur, wenn sie zuvor den Umgang mit eigenen und fremden Emotionen gelernt haben und über ein reichhaltiges Repertoire an gewaltfreien Konfliktlösestrategien verfügen – und wenn sie zumindest anfangs mit dem Einschreiten der Erwachsenen rechnen müssen, die gewalttätige Lösungen nicht akzeptieren, Tätern Alternativen aufzeigen und Opfer zu mehr Selbstvertrauen und Durchsetzungsfähigkeit motivieren.

Kinder richten ihr Verhalten gemäß dem damit einhergehenden Erfolg und den damit verbundenen «Kosten» aus. Die renommierte amerikanische Fachzeitschrift *Child Development* druckte bereits 1959 die Ergebnisse eines Reviews des US-Psychologenteams Alberta Engvall Siegel und Lynette Gayle Kohn ab: Werden in altersgemischten Kindergruppen Interessen immer wieder von einigen Kindern erfolgreich mit aggressiven Mitteln durchgesetzt, wertet die Gruppe dieses Verhalten als erfolgreiche Strategie und nimmt sich diese «Sieger» samt ihrem

Verhalten zum Vorbild. Die aggressive Konfliktlösung etabliert sich, wenn kein Pädagoge anwesend ist. Sind Erwachsene in der Nähe, greifen aber bei den «Gewalttouren» nicht ein, erlebt der Aggressor deren Passivität als zusätzliche Bestätigung seines Tuns, das Opfer resigniert (da die erhoffte Unterstützung ausbleibt), und die Gruppe der zwar unbeteiligten, aber höchst aufmerksamen Zuschauer fühlt sich entlastet nach dem Motto: «Wenn der Erwachsene nicht eingreift, wird das Siegerverhalten in Ordnung sein» – auch bei bestehenden Bedenken. So wird der Glaube an die Effizienz der Aggression noch stabiler, gewalttätige Ausschreitungen nehmen zu.

Kinder werden nicht ohne Zutun erwachsener Bezugspersonen auffallend aggressiv, wobei dieses negative Zutun auch ein Nichtstun sein kann. Denn das Kind ist in Zweifelsfällen auf der Suche nach Klärung seitens der anwesenden Bezugsperson. Gerade bei Irritationen oder sich anbahnenden Konflikten in der Interaktion versucht ein Kind, Informationen zum Stand der Dinge und zum weiteren Verhalten über abfragende Blicke zur Bezugsperson einzuholen, ein Phänomen, das als «soziale Bezugnahme» *(social referencing)* bezeichnet wird. Es schaut die Mutter an und versucht, mit Hilfe ihres Gesichtsausdrucks und ihrer Signale die Lage einzuschätzen. Je nachdem traut es sich, im gleichen Stil weiter zu agieren, oder es ändert sein Verhalten. Die soziale Bezugnahme ist eine Möglichkeit, direkt zur Situation von jedem Vertrauten mit mehr Erfahrung Informationen einzuholen. Ob das Ganze im Sinne einer erfolgreichen Konfliktlösung klappt, hängt von der Aufmerksamkeit und Antwortbereitschaft der Bezugsperson sowie von der Qualität ihres eigenen Bewältigungsverhaltens ab.

Wie bereits ausgeführt: Der für das Kindergartenalter typische Konflikt-Peak ist normal und geht auf Defizite zurück, die entwicklungsbedingt sind. Noch ausstehende Reifungsschritte und unzureichende Erfahrung im Umgang mit Anforderungssituationen im sozialen Miteinander sind hierfür verantwortlich. Der Weg dorthin bedarf einer aktiven Entwicklungsbegleitung. Deshalb hat Erziehung auch die Aufgabe, durch zugewandte und kompetente Begleitung zum selbsttätigen Erkennen und Handeln anzuleiten, nicht nur in Konfliktsituationen.[163]

Universelle Gewaltprävention in Form aktiver Entwicklungsbegleitung

In den ersten sechs Lebensjahren können Kinder bei emotional warmen, offenen, aber auch strukturierten und normorientierten Erziehungsbedingungen wichtige Fortschritte in ihrer kognitiven, affektiven und sozialen Entwicklung erzielen, die sie schützen und dazu befähigen, in interaktiven Anforderungssituationen immer kompetenter zu agieren.[164] Das ist von großer Bedeutung, denn mit zunehmendem Alter steigen die normativen Erwartungen von außen an die Kinder. Zwar wird eine gewisse Variationsbreite an Verhalten akzeptiert – die Toleranzgrenze ist übrigens für Jungen und Mädchen unterschiedlich[165] –, doch setzen jenseits dieser, wenn sich soziale Kompetenzdefizite und Verhaltensprobleme eindeutig bemerkbar machen, negative Etikettierungen an. Aggressives Verhalten werten Erwachsene als Prädiktoren für eine dissoziale Entwicklung, Kinder untereinander als Grund für eine geringe soziale Akzeptanz sowie als Rechtfertigung für einen verletzenden Ausschluss. Was bedeutet, dass das Kind zu sozialen Lernerfahrungen in der Gruppe, die seine Konfliktlösestrategien verbessern könnten, wiederum keinen Zugang hat.[166]

Jedes Alter hält für Kinder Entwicklungsaufgaben bereit. Alltägliche Anforderungen und sich im Miteinander ergebende Herausforderungen stellen Kinder und Eltern vor Hürden. Diese sollten vom Kind altersgemäß bewältigt werden, damit sich ein physisches wie psychisches Wohlbefinden einstellt, unterstützt durch bestätigende Reaktionen der Umgebung. Die Entwicklungsaufgaben sind im Alter zwischen null und sechs Jahren bereits vielfältig. Um nur einige zu nennen: sich an Eltern binden, einen Schlaf-Wach-Rhythmus entwickeln, sich fortbewegen, verstehen und sich verständigen, Beziehungen zu anderen Kindern eingehen, sauber und trocken werden.

Krisen vielfältigster Art gehören daher zur normalen kindlichen Entwicklung, ihre Bewältigung zum Erziehungsalltag. Jede Auffälligkeit hat ihre Altersperiode, in der sie bevorzugt auftritt. Beißen, Kratzen oder Schlagen von anderen Kindern kommt zum Beispiel vor allem im Alter von zwei bis fünf Jahren vor.[167]

Eine Aufgabe gilt als bewältigt, wenn sich ein Kind so weit entwickelt hat, dass es nun über erweiterte, differenziertere und verlässlichere Vorstellungen über sich und seine Umwelt verfügt. Dieser Zuwachs an Vorstellungskraft regt Aktivitäten an und befähigt zu Tätigkeiten, die es dem Kind ermöglichen, Besonderheiten einer Situation wahrzunehmen und diese – je nach bisheriger Erfahrung damit – zu erhalten oder zu verändern. Es bedarf *entsprechender Gelegenheiten* (etwa anregende und die Selbstbildung ermöglichende Umgebungen, Modelle mit gutem Bewältigungsverhalten bei Problemen) und *eigener Potenziale* (zum Beispiel ausgeglichene psychosoziale Funktionsabläufe, harmonische Temperament- und Charaktereigenschaften, eine effektive sozial-kognitive Informationsverarbeitung), um Entwicklungsaufgaben erfolgreich bewältigen zu können.[168]

Während der Kindergartenjahre steht gerade für den Umgang mit Aggressionen und Agieren in Konflikten ein ganzes Sortiment an bedeutenden Entwicklungsaufgaben an, deren schrittweise Bewältigung als immer wirksamer werdender Schutzfaktor vor gewalttätigen Entgleisungen eingestuft wird.

Für eine weitgehend unauffällige Kindergartengruppe aus Kindern ohne erhöhtes Entwicklungsrisiko gilt eine aktive Entwicklungsbegleitung[169] mit Betonung einzelner Kernelemente der universellen Prävention als angebracht und nachhaltig wirksam. Sobald jedoch Kinder in der Gruppe sind, bei denen aufgrund verminderter Fähigkeiten im Wahrnehmungs- und Verarbeitungsbereich sowie vergleichsweise geringer vorhandener Ressourcen kompensatorische Maßnahmen nötig erscheinen, haben wir eine zweite Zielgruppe vor Augen, die einen erhöhten Betreuungs- und Erziehungsbedarf in Form einer selektiven Förderung zur Verminderung bereits bestehender aggressiver Verhaltensprobleme signalisiert (siehe unten: Gewaltprävention speziell für aggressive Risikokinder).

Versucht man das gemeinsame Ziel der inzwischen vielfältig erarbeiteten universellen Präventionsprogramme zur Förderung sozial-emotionaler Kompetenzen weitgehend unauffälliger Kinder zu benennen, so geht es eigentlich immer darum, Kinder in die Lage zu versetzen, soziale Hinweisreize so interpretieren zu können, dass das Verhaltensresultat von Betroffenen wie Außenstehenden akzeptiert und toleriert werden kann. Alle Programme intendieren, dass ein Kind mit Emotionen umgehen kann, Empathie entwickelt hat, aber auch im Laufe der Zeit immer mehr soziales Wissen gespeichert hat und Regeln kennt.

Tendenziell lässt sich beobachten, dass es zu einer Steigerung und vor allem Stabilisierung der präventiven Effekte kommt, wenn in möglichst variierenden Kontexten außerhalb des Projektrahmens gleichlautende Alltagserfahrungen gemacht werden können, und zwar vermittelt oder angeregt durch Erwachsene als Autorität im Sinne eines autoritativen Erziehungsmodells sowie durch sozialkompetente Peers im Sinne eines sozial attraktiven, da erfolgreichen Nachahmungsmodells.

Es lohnt sich, nochmals einen Blick auf einige der in den ersten Jahren von allen Kindern zu erreichenden Sozialziele im Umgang mit eigenen und fremden Aggressionen zu werfen:

- Selbstwirksamkeitserfahrungen
- Selbstregulation der Erregung, Zügelung der Impulsivität
- Handlungsplanung, und zwar unter Einbeziehung der Intentionen anderer wie auch der Antizipation der Bewertung eigener Handlungsfolgen durch andere
- effektive sozial-kognitive Informationsverarbeitung

Gerade die letztgenannte Fähigkeit, die *sozial-kognitive Informationsverarbeitung*, braucht viele Voraussetzungen, um ihre protektive Wirkung gegenüber psychosozialen Risikofaktoren ausüben zu können. Sie erlebte aufgrund ihrer entwicklungstragenden Bedeutung in den letzten Jahren ein großes Forschungsinteresse. Während die von den amerikanischen Psychologen Nicki R. Crick und Kenneth A. Dodge (1994) erstellte Ersttheorie den Erwerb sozial adäquater Verhaltensweisen vorzugsweise aus kognitiver Sicht erklärte und auf dieser Ebene auch Prävention und Intervention ansetzen ließ, erweiterten die amerikanischen Psychologen Elizabeth A. Lemerise und William F. Arsenio (2000) das Modell sozial-kognitiver Informationsverarbeitung um den auf alle Teilprozesse wirkenden Einfluss der Emotionen. Denn es gibt keine emotionsfreie Informationsverarbeitung.[170]

Dem Anthropologen Michael Tomasello (2002) gelang der Beweis, dass mit neun Monaten eine besondere Art kopernikanischer Wende im Entwicklungsgeschehen stattfindet. Während bis neun Monate die Feinfühligkeit der Bezugsperson und ihre Sensibilität bei der Wahrnehmung, Spiegelung und sprachlichen Wiedergabe kindlicher Emotionen für den Entwicklungsfortgang ausschlaggebend sind, startet zwischen dem neunten und dem zwölften Lebensmonat ein völlig neuartiges Geschehen. Bis auf neurophysiologischer Ebene nachweisbar, findet im Entwicklungsgeschehen keine Trennung von Emotion und Kognition statt. «Gemeinsame, geteilte Aufmerksamkeit» *(joint attention)* ist der Begriff, der diese Forschungssensation bezeichnet. Es handelt sich um eine vom Kind aktiv betriebene vorsätzliche emotionale Informationsabfrage und -verarbeitung. Hier startet die Übernahme sämtlicher kultureller Fähigkeiten.

Das Kind

- richtet nun bewusst sein Verhalten am Verhalten eines anderen Menschen aus,
- sein Blick folgt der Blickrichtung oder dem Fingerzeig eines anderen Menschen,
- es imitiert die Aktionen anderer Menschen an Objekten,
- es zeigt auf erwünschte Objekte oder Aktivitäten,
- es hält Gegenstände hoch, um sie anderen zu zeigen.

Das Kind wird selbständig, es begibt sich *aktiv auf die Suche nach Bewertungen* von Gegenständen, Gefühlen und Handlungen durch die Menschen, zu denen es eine enge Beziehung aufgebaut hat. Hier beginnt die adäquate Verarbeitung sozialer Informationen. Wir beobachten bereits in diesem Alter die ersten verbindenden Schritte zwischen der Wahrnehmung einer sozialen Situation und der darauf basierenden Handlungsausführung, ein höchst wichtiges Element sozialer Kompetenz.

Deshalb sind schon die Wahrnehmung, Entschlüsselung und Interpretation sozialer Hinweisreize in Interaktionen zwischen Kindern vom individuell entwickelten emotional-sozialen Wissen, der emotionalen Wiedererkennung der Situation und zusätzlich von den affektiven Reaktionen ihrer Interaktionspartner abhängig. Wie ein sozialer Hinweisreiz individuell interpretiert wird, hängt von den jeweiligen entsprechenden Vorerfahrungen ab. Hierfür stehen jedem Kind sein gespeichertes soziales Wissen und seine erlernte Regelsammlung zur Verfügung. Hat es bereits Interpretationsvarianten zur Verfügung, konstruiert das Kind verschiedene Handlungsalternativen, die es auf Vereinbarkeit mit den erlernten sozialen Schemata überprüft. Auch seine Erregungssituation und die Fähigkeit zur Emotionsregulation gehen in die Reaktionsentscheidung ein. Durch eine Selbstwirksamkeitsüberprüfung – wie «gut» waren meine Reaktionen bisher und wie ging es mir dabei – wird die Entscheidungsfindung nochmals beeinflusst. Potenzielle Lösungsmöglichkeiten werden die ganze Zeit über vor dem Hintergrund der affektiven Peerreaktionen überprüft. Hat das Kind eine Reaktion ausgewählt und umgesetzt, bewertet die soziale Umwelt die durchgeführte Reaktion und reagiert ihrerseits erneut. Neue soziale Hinweisreize treffen dadurch ein.[171]

Diese Befunde zeigen: Es liegt allein in der Verantwortung Erwachsener, Kinder auf ein gewaltfreies Miteinander vorzubereiten und sie unter diesen Rahmenbedingungen ihre Konfliktlösestrategien finden zu lassen.

Gewaltprävention speziell für aggressive Risikokinder

Dan Olweus belegte bereits vor fast dreißig Jahren überzeugend, dass Täter- und Opferkarrieren im Vorschulalter beginnen und sich im Grundschulalter verfestigen (dazu ausführlich Teil I). Auch die methodisch besonders hervorzuhebende Studie von Friedrich Lösel und Thomas Bliesener (2003) legt Zusammenhänge nahe, dass besonders aggressive Schüler ein deutlich erhöhtes Risiko haben, relativ dauerhaft und in allen Lebensbereichen dissoziales Verhalten zu entwickeln. Ergebnisse zur Stabilität von Gewaltanwendung und Viktimisierung lassen aufhorchen. Die psychiatrische Forschung zeigt, dass Verhaltensstörungen ein erhebliches Entwicklungsrisiko für Kinder darstellen und eine ungünstige Prognose aufweisen, je älter die Kinder sind.[172]

Potenzielle Risikofaktoren für die kindliche Entwicklung sind vielfältig bekannt. Dies können biologische Faktoren sein, zu denen zum Beispiel genetische Einflüsse, hormonelle Einflüsse oder strukturelle Besonderheiten des Nervensystems, aber auch Herz- und Kreislaufprobleme gezählt werden. Zu den psychischen Risikofaktoren gehören etwa Wahrnehmungs- und Impulsivitätsprobleme, aber auch eine verzerrte sozialkognitive Informationsverarbeitung sowie eine unzureichende emotionale Entwicklung. Ressourcenarmut gilt auf mehreren Ebenen als Risikofaktor. Hierzu gehört die durch materielle Armut strukturell belastete Familie ebenso wie die emotionale Armut einer Eltern-Kind-Beziehung, die Unterstützung und Struktur verweigert und meist mit einer fatalen Sprachlosigkeit einhergeht. Defizite in der familiären Frühsozialisation zeigen sich vor allem in unsicheren Bindungen der Kinder an ihre Eltern und mangelnden Selbstwirksamkeitserfahrungen.[173] Die eigene Familie eher als Risiko denn als Schutz erleben zu müssen, hat Folgen für die Sozialkompetenz. Defizite in diesem Bereich ziehen gehäuft eine Entwicklungsbeeinträchtigung durch die Zurückweisungen der Gleichaltrigen nach sich.

Einzelne Risikofaktoren korrelieren nur wenig mit Verhaltensstörungen, erst die Kumulation der Risiken im Entwicklungsverlauf ist bedeutend. Das Modell der kumulierten Entwicklungsrisiken sieht einen zunehmenden Handlungsbedarf angesichts abnehmender Beeinflussbarkeit vor,

- je mehr Risikofaktoren vorliegen,
- je früher ein Problemverhalten gezeigt wird,
- je häufiger ein Problemverhalten auftritt,
- je länger ein Problemverhalten bereits gezeigt wird,
- je vielfältiger das Problemverhalten ist und
- je verschiedener die Kontexte sind, in denen das Problemverhalten auftritt.[174]

So genannte aggressive Risikokinder sollten bereits im Kindergartenalter die größte pädagogische Aufmerksamkeit erhalten. Bei einigen Kindern werden auch Förderungen und Interventionen nötig sein, die die Möglichkeiten der pädagogischen, aber eben nicht therapeutischen Einrichtung Kindergarten übersteigen. Aggressive Risikokinder sind Kinder, die schnell und oft mit unkontrolliert heftigen Aggressionen handeln. Ihre Art, im sozialen Gefüge zu agieren, ist asozial. Bei diesen Jungen und Mädchen finden sich charakteristische Gemeinsamkeiten in ihrer Kindheit:

- Ihre Hauptbezugspersonen haben sie schon als Säugling abgelehnt. Sie haben viele Situationen erlebt, in denen ihre kindlichen Bedürfnisäußerungen ignoriert oder aggressiv unterbunden wurden. Das familiäre Interaktionsklima war durch Kälte und Ignoranz geprägt, sodass die Kinder bereits früh mit emotionalen Defiziten leben mussten. Körperliche Gewalt gehörte zur Tagesordnung.
- Ihre ersten gewalttätigen Ausbrüche wurden von ihrer familiären Umgebung nicht aufmerksam wahrgenommen. Man versuchte sie nicht zu stoppen, indem Halt gewährt und Grenzen aufgezeigt wurden. Auf Aggression wurde inkonsistent und unvorhersagbar, mal gar nicht, mal

nachgebend, mal mit extremer Strenge und Gewalt geantwortet.

- Sie sind Alltagspräsenz von Gewalt gewohnt. Es sind Kinder aus autoritären, restriktiven Familien, die Gewalt am eigenen Leib verspürt haben oder Zeuge von Gewalt an einem anderen Familienmitglied geworden sind.

Diese Risikokinder unterscheiden sich nicht nur in ihrer Vorgeschichte von ihren «durchschnittlich aggressiven» Kameraden, auch ihre Wahrnehmung ist verändert, was sie den Alltag anders erleben lässt. Ihre sozial-kognitive Informationsverarbeitung ist verzerrt:[175]

- Sie sehen in vielen Handlungen weit schneller als andere Kinder eine Provokation und neigen dazu, Interaktionspartnern feindselige Motive zuzuschreiben. Die Überzeugung, sich oft etwas erkämpfen oder sich verteidigen zu müssen, liegt nahe, zumal aggressives Agieren von ihnen positiv bewertet wird.
- Die Aggressions- und vor allem die Medienforschung zeigt, dass diese Kinder aggressive Szenen, egal, ob sie diese selbst erlebt, virtuell gesehen oder davon gehört haben, in ihrem Gedächtnis an einem bevorzugten Platz abspeichern und sie deshalb konkurrenzlos schnell wieder als eigene Reaktionsmöglichkeit in Konfliktsituationen zur Verfügung haben. Sie haben mehr aggressive und impulsive Reaktionsmuster in ihrem Verhaltensrepertoire. Aggressiv zu reagieren, ist ihre Strategie erster Wahl, weil ihnen Interaktionserlebnisse und Erfolge mit aggressionsfreien Alternativen fehlen und außerdem weniger attraktiv erscheinen.[176]

Lösel und Bliesener stellen Prinzipien vor, an denen eine individuelle Prävention auszurichten ist:

Eine *frühzeitige Problemerkennung* wird als äußerst wichtig eingestuft. Diese liegt im Kindergarten oft im Ermessen der Erzieherinnen und Erzieher, was erhebliche Einschätzungsunterschiede mit sich bringt. Auch die in den Einrichtungen gängigen Entwicklungschecks oder Beobachtungsbögen berücksichtigen aggressives Verhalten, aber meist nur auf einer eher undifferenzierten Ebene. Etwas differenzierter ist der Beobachtungsbogen zur Erfassung von Entwicklungsrückständen und Verhaltensauffälligkeiten bei Kindergartenkindern,[177] der im Problembereich «Verhalten, Aggression in der Gruppe» folgende Items zur Einordnung anbietet: «Streitet mit anderen Kindern; schlägt, beißt, kratzt andere Kinder; zerstört Spielzeug». Im Problembereich «Verhalten, Aggression im Kontakt mit dem Erzieher» sind weitere Items zu finden: «Verhält sich provozierend, herausfordernd und frech; akzeptiert keine Grenzen; schimpft und schreit bei Verboten; ignoriert Anweisungen und Verbote».

Ein *multimodaler Ansatz an spezifischen kognitiven und sozialen Risiken* wird vorgeschlagen, um den Kumulationseffekt abzuschwächen. Zur Diskussion stehen Programme zur Behandlung dissozialer Jugendlicher, familien- und kindbezogene Prävention, schulische Prävention, Prävention im Peergruppen- und Freizeitbereich, Medienpädagogik, ebenso situations- und gemeindebezogene Prävention.

Unumstritten ist ein eindeutiger *Fokus auf Prozesse der sozialen Informationsverarbeitung,* denn kommen zu sozialen Risiken Defizite in der sozialen Informationsverarbeitung und Handlungskontrolle hinzu, droht ein devianter Lebensstil. Lösel und Bliesener betonen jedoch auch, dass es in Deutschland an kontrollierten Evaluationen der Prävention und Intervention mangelt. Ohne einen fundierten Bezug zur Grundlagenforschung und ohne kontrollierte Evaluationsstudien sehen sie die Gefahr, dass gut gemeinte Programme leicht zum bloßen Aktionismus werden.

Gewalt verhindern, positives Sozialverhalten stärken

Noch weit weniger erforscht als die Individualprävention ist die Einflussnahme einer strukturellen Prävention und wie deren wirksame Formen aussehen. Ein kaltes sozial-emotionales Schulklima, empfundene Anonymität, Konkurrenzkampf, erniedrigende Umgangsformen, ein polarisierendes Pausenreglement und Konformitätsdruck in rivalisierenden Gruppen wirken sich auf Schul-Bullying, Viktimisierung, Delinquenz und Dissozialität aus. Erste Beobachtungen in Kindergärten weisen darauf hin, dass bewusste Konfliktarbeit, gruppenübergreifende Angebote zur Erweiterung der sozialen Erfahrungen und damit zur Verbesserung der sozial-kognitiven Informationsverarbeitung, Freiarbeit in Kleingruppen, Paten- und Geschwisterschaften und vor allem die Förderung sozialer Partizipation zu «anderen» Konflikten und auch anderen Konfliktlösestrategien führen als dem schnell zur Gewohnheit werdenden Sieg des Stärksten. Präventionsspezialisten verweisen darauf, dass in pädagogisch begleiteten Kindergruppen, vor allem wenn in diesen Partizipation ermöglicht wird, Freiräume eröffnet werden, in denen Fähigkeiten zur Wahrnehmung, Artikulierung und Durchsetzung fremder wie eigener Interessen erworben werden können – vorausgesetzt, sie basieren auf sozial akzeptierten Mitteln und berücksichtigen die Intentionen anderer. Nur so erfährt ein junger Mensch seine Möglichkeiten und seine Grenzen.[178]

Schlägereien und körperliche Gewaltausübung zwischen Kindern darf niemand akzeptieren, doch gehören körperliche Auseinandersetzungen wie Raufen und Balgen zum weltweiten Aktivitätsmuster von Jungen und Mädchen im Kindergarten- und Grundschulalter, bei den Jungen mehr als bei den Mädchen. Viele Konflikte werden so in Abwesenheit von Erwachsenen schnell und nachhaltig versöhnend gelöst. Vorausgesetzt, das Kräfteverhältnis und die Fairness stimmen. Doch das muss man lernen und üben – und zwar anfangs im Beisein von Erwachsenen. Es ist nicht empfehlenswert, dieser Altersgruppe jeden körperlichen Kampf zu verbieten, denn die faire Auseinandersetzung beim Kräftemessen scheint *eine* adäquate Konfliktlösestrategie dieser Altersgruppe zu sein.

Ganz bewusst soll am Schluss der Blick weg von der Aggression zum sozial attraktiven Verhalten gelenkt werden. Kinder im Kindergartenalter verfügen neben einem hohen Konfliktpotenzial über ein reichhaltiges Repertoire an Verhaltensweisen, die den Aggressionspegel senken, wenn nicht sogar Aggressionen verhindern können.[179]

Sie begrüßen und verabschieden sich, lächeln sich an, streicheln und liebkosen sich, um sich ihre Zusammengehörigkeit zu signalisieren. Sie trösten, schenken, bitten, danken, teilen, bieten ihre Hilfe an, geben sich gute Wünsche mit auf den Weg, entschuldigen sich, versöhnen sich wieder und arbeiten, auch durch Raufen, an ihren Freundschaften. All das wirkt bandstiftend und gruppenstärkend. Es gibt auch Alternativen zu Kampf und gegenseitiger Beschimpfung wie Schmollen, ein angedrohter Kontaktabbruch, um den Angreifer zum Einlenken zu bewegen, höchst kreative Lösungsideen, wie Wortgefechte, selbst erarbeitete und daher tragfähige Kompromisse, Schlichtungsversuche, Beschwichtigungen sowie die Intervention eines ranghöheren Kindes zugunsten des schwächeren Streitpartners. Die Eigenfähigkeiten zur Konfliktlösung sind hoch, vorausgesetzt, die Erwachsenen bieten den geschützten Raum, Erprobungsmöglichkeiten und Modelle, diese kennen zu lernen und einzuüben. Diese positiven Reaktionsweisen, die selbst im Konfliktfall vorkommen können, zeigen sich nicht automatisch, sie sind nicht selbstverständlich, sondern bedürfen der Betonung ihrer Wichtigkeit, um im nächsten Konfliktfall wieder angewandt zu werden, statt der schnellen, schlagkräftigen Aggression. Es muss sich lohnen, etwas gegen Widerstände kraftvoll und überzeugt, aber nicht mit Gewalt zu vollbringen.

Teil V

Prävention in Kindergarten und Vorschule – erfolgreiche Programme

von Jacqueline Kempfer

Der Kindergarten als Ansatzpunkt für Gewaltpräventionsprogramme

Wie die Ausführungen in Teil IV gezeigt haben, stellt der Umgang mit Aggressionen und Konflikten bereits im Kindergartenalter eine wichtige Entwicklungsaufgabe dar. Bereits im Kindergarten fallen die aggressiven Risikokinder auf, die zu oft, zu schnell und mit unkontrolliert heftigen Aggressionen reagieren, indem sie andere angreifen, Sachen beschädigen oder zerstören und das Gruppenklima durch Verunsicherung und Angst stören.[180] In welchem Umfang Erzieher und Erzieherinnen in Kindergärten mit diesem Problem konfrontiert sind, ist umstritten. Die verstärkte Thematisierung in pädagogischen Fachzeitschriften kann einerseits auf einen Anstieg der Problematik, andererseits aber auch auf eine größere Sensibilisierung für das Thema zurückzuführen sein.

In einer deutschen Untersuchung, bei der die Eltern und Erzieher nach Verhaltensproblemen und Erziehungsschwierigkeiten der Kinder befragt wurden, waren 13 bis 17 Prozent der berichteten Erziehungsschwierigkeiten als kritisch einzuschätzen. Bei den Jungen überwogen Aggression beziehungsweise Dissozialität und Hyperaktivität, bei den Mädchen Ängstlichkeit und Niedergeschlagenheit. Dabei waren die Verhaltensprobleme über einen längeren Zeitraum hinweg relativ stabil.[181] In rund der Hälfte der Fälle schienen sie sich nicht von selbst «auszuwachsen», was wiederum für eine möglichst frühe Prävention spricht.[182] Kindergärten müssen bereits deshalb als geeignete Orte für Präventionsbemühungen angesehen werden, weil sie die Kinder in einem jungen Alter erreichen und der Personenbezug zwischen den Kindern und den Erziehern noch relativ eng ist. Damit sind zwei grundlegende Bedingungen für erfolgreiches Normenlernen gegeben.[183] Zudem haben Kindergärten über einen längeren Zeitraum (etwa drei Jahre) in einem entwicklungspsychologisch wichtigen Alter großen Einfluss auf die Entfaltung der Kinder. Damit ist Raum auch für mittel- und langfristige Programme, die viele erreichen und wenig stigmatisierende Wirkungen haben, weil alle Mädchen und Jungen gleichermaßen am Programm teilnehmen.[184]

Das soziale Umfeld ermöglicht es, das Gelernte sofort in immer neuen sozialen Situationen zu erproben, denn Kindertageseinrichtungen sind Orte, in denen sich Kinder zum ersten Mal dauerhaft mit anderen Gleichaltrigen und Erwachsenen außerhalb der Familie auseinander setzen müssen. Hier lernen Mädchen und Jungen täglich, den Umgang miteinander neu auszuhandeln, und erfahren dabei die Bedeutung von Regeln. Gerade durch die Vermittlung verbindlicher Werte und Normen haben Kindertageseinrichtungen eine wichtige sozialintegrative Bedeutung. Nicht zuletzt bestätigen auch die positiven Ergebnisse der folgenden Studien, dass sie ein geeigneter und notwendiger Ansatzpunkt für Gewaltpräventionsprogramme sind.

Erfolgreiche Programme

Bevor es um die Vorstellung erfolgreicher Programme geht, müssen zwei Einschränkungen bedacht werden: Das Thema «Prävention im Kindergarten» ist für die systematische Wirkungsforschung in der Kriminologie noch ein weitgehend unerschlossenes Gebiet, da sie sich bislang auf die Familie und die Schule als Orte der Präventionsbemühungen konzentrierte. Eine Kategorisierung der Programme gestaltet sich mitunter schwierig. Zwar könnte man zwischen integrativen Programmen, die sich an alle Kinder richten, und Interventionsprogrammen, die gezielt die verhaltensauffälligen Kinder in den Blick nehmen, unterscheiden. Doch wäre diese Differenzierung nur theoretischer Natur, denn alle Kinder einer Altersgruppe nehmen an Präventionsprogrammen teil. Auch lässt sich bei den Programmen kaum differenzieren, ob sie im integrativen Sinne Sozialkompetenzen aufbauen oder ob sie intervenierend aggressive Verhaltensweisen reduzieren wollen. Meist sollen gerade über die Vermittlung von sozialen Kompetenzen und sozialintegrativen Fähigkeiten aggressive Verhaltensweisen reduziert werden.

Auch unter anderen Gesichtspunkten ist eine Kategorisierung von Präventionsprogrammen aus dem Bereich des Kindergartens schwierig. Während etwa in den USA bei den Präventionsprogrammen häufig die Verbesserung der Schuleintrittsfähigkeiten beziehungsweise die Ermöglichung späteren Schulerfolgs als Ziele genannt werden und nur nachrangig auch von (allgemeiner) Kriminalprävention die Rede ist, heben deutsche Präventionsprogramme deutlich die Gewaltprävention und/oder ein angemessenes Konfliktverhalten hervor. Dabei waren allerdings nur wenige amerikanische Studien und bislang keine deutschen darauf angelegt, in einer langfristigen Begleitung der Kinder ihre kriminellen Auffälligkeiten in einem späteren Alter zu erheben.

Das Perry Preschool Project – ein Vorschulprogramm mit Langzeitwirkungen

Der Klassiker unter den Vorschulstrategien ist das Perry Preschool Program aus den USA.[185] Anfang der sechziger Jahre wurde in einer benachteiligten Gemeinde in Michigan, die durch schwachen sozioökonomischen Status, hohe Arbeitslosigkeit, niedrigen Bildungsstand und andere soziale Problemlagen gekennzeichnet war, ein spielpädagogisches Programm in einer Vorschule gestartet. Über 120 Kinder wurden nach dem Zufallsprinzip in zwei Gruppen geteilt, von denen eine – die Untersuchungsgruppe – am Programm teilnahm, die andere – die Kontrollgruppe – hingegen nicht. Im Rahmen dieses Programms wurden über zwei Jahre hinweg tägliche, zirka zweieinhalbstündige Sitzungen mit den Kindern durchgeführt. Auch die Eltern der Kinder mussten an einigen ausgewählten teilnehmen. Durch das Programm sollten die Drei- bis Vierjährigen ermutigt werden, bei der Auswahl ihrer Spielaktivitäten eine positive Wahl zu treffen. Sie sollten lernen, über das, was sie tun und wie sie es tun, sowie über die Konsequenzen nachzudenken, und so ein Verantwortungsbewusstsein entwickeln. Die Mitarbeiter des Programms waren geschult, spontane Schlüsselerfahrungen der Kinder zu erkennen und im Spiel zu thematisieren.[186]

Ziel des Programms war es vorrangig, kriminellen Karrieren vorzubeugen und den Kindern zu ermöglichen, bessere schulische Leistungen zu erzielen. Im Rahmen einer begleitenden Studie wurden später die Lernfähigkeit, schulische Leistungen, kriminelle Auffälligkeiten und andere Aspekte aus dem Leben der Kinder ständig überwacht, wobei durch das Forschungsdesign stets die Kinder der Untersuchungsgruppe mit denen der Kontrollgruppe verglichen werden konnten.

Bereits mit dem Schuleintritt im Alter von sieben Jahren schnitten die Kinder der Untersuchungsgruppe in verschiedenen Intelligenz- und Sprachfähigkeitstests stets besser ab als die Kinder der Kontrollgruppe. Sie waren somit besser auf den Schulbeginn vorbereitet.[187] Im Alter von zehn Jahren, so wurde festgestellt, mussten 17 Prozent der Kinder aus der Programmgruppe ein Jahr zurückgestuft werden oder erhielten speziellen Förderunterricht, wohingegen dies auf 38 Prozent der Kinder aus der Kontrollgruppe zutraf.[188] Wiederholt bessere Testergebnisse der Programmgruppe zeigten sich auch in den Nachuntersuchungen im Alter von vierzehn und neunzehn Jahren.[189] Diese ersten Ergebnisse bestätigten sich nicht nur im weiteren Verlauf der Studie, sondern die Unterschiede – und damit auch die Langzeiteffekte des Programms – wurden immer deutlicher.

Als die Untersuchungsteilnehmer junge Erwachsene im Alter von siebenundzwanzig Jahren waren, wurden erneut vergleichende Daten erhoben.[190] Hier zeigte sich nicht nur, dass mehr Programmteilnehmer als Probanden der Vergleichsgruppe über einen Schulabschluss verfügten (71 Prozent gegenüber 54 Prozent) – wobei dies insbesondere für die jungen Mädchen galt (84 Prozent gegenüber 35 Prozent) –, sondern sie verdienten auch besser, verfügten über mehr Statussymbole und waren weniger auf soziale Unterstützung angewiesen.[191] Im Bezug auf die kriminelle Belastung der Studienteilnehmer waren die Programmteilnehmer im Alter von 28 Jahren durchschnittlich 2,3-mal festgenommen worden, während dies für die Kontrollgruppe durchschnittlich 4,6-mal zutraf. Zudem wurden aus der Kontrollgruppe 35 Prozent der Teilnehmer mindestens fünfmal festgenommen, wohingegen dies nur auf sieben Prozent der Programmteilnehmer zutraf.

Diese bereits erstaunlichen Ergebnisse wurden in jüngster Zeit noch einmal durch eine Nachuntersuchung bestätigt, die zu einem Zeitpunkt stattgefunden hatte, als die ehemaligen Studienteilnehmer vierzig Jahre alt waren.[192] Noch einmal wurden die Unterschiede zwischen den Gruppen deutlich. Wie schon im Alter von siebenundzwanzig verdienten die ehemaligen Programmteilnehmer mehr, nahmen weniger soziale Unterstützung des Staates in Anspruch und waren weniger oft polizeilich aufgefallen.[193]

Insgesamt zeigt die Perry-Studie also deutliche Effekte: Ein frühzeitiges Ansetzen bereits im Alter von drei oder vier Jahren mit einem zweijährigen Teilzeitprogramm durch geschulte Erzieher entfaltet umfassende und auch kriminalpräventive Langzeitwirkungen. Als Erklärung hierfür sehen die Forscher einen Schneeballeffekt hin zu verbesserten Schulleistungen. Kinder aus ärmsten Verhältnissen entwickelten durch das Programm höhere kognitive Leistungen, erlangten früher eine Schulreife, erreichten dadurch bessere Schulleistungen und Schulabschlüsse, waren so weniger auf soziale Unterstützung angewiesen und erzielten höhere Einkommen. Im Ergebnis kam es auch zu verminderter Delinquenz. Die von Anfang an breit gestreute Wirkung auf die intellektuelle, emotionale und soziale Entwicklung der Kinder zieht lebenslange Effekte nach sich.[194]

Andere Forschern meinen, der Erfolg des Programms resultiere eher aus den Haus- und Familienbesuchen der Lehrer.

Durch die bessere Einbindung der Eltern waren sich diese der Entwicklung ihrer Kinder bewusst und verbesserten ihre erzieherischen Fähigkeiten. Darüber hinaus entwickelten sie die Fähigkeit, proaktive Beziehungen zu den Lehrern aufzubauen, und konnten so die Entwicklung ihrer Kinder besser begleiten. Das Programm schuf so eine unterstützende Familienatmosphäre.[195]

Das Curriculum des Perry-Programms wird auch heute in den USA weiter genutzt, zum Beispiel in rund 20 Prozent der Zentren der National Head Start Association. Diese staatlichen Kindergartenprogramme richten sich insbesondere an Mädchen und Jungen aus ärmeren Verhältnissen, beziehen teilweise die Eltern mit ein und sind bisweilen um Elemente der Ernährung, Gesundheitsfürsorge und Sozialprogramme für die ganze Familie erweitert. In über 20 000 Zentren werden knapp 1,1 Millionen Vorschulkinder beziehungsweise schwangere Frauen erreicht. Auch hier gibt es seit 1997 eine umfassende Begleitforschung. Die neuesten Ergebnisse weisen in die gleiche Richtung wie die Perry-Studie, wenngleich nicht ganz so deutlich in den quantitativen Werten. Zudem konnten die kriminellen Aktivitäten der teilnehmenden Kinder wegen ihres noch zu geringen Alters nicht erhoben werden. Dennoch können die Programme die Nachteile der Kinder gegenüber dem nationalen Durchschnitt, was etwa verbale und grundmathematische Fähigkeiten angeht, nahezu ausgleichen. Hyperaktivität und aggressives Verhalten können signifikant reduziert werden.[196] Weitere Ergebnisse der Studie, die bis 2008 läuft, stehen noch aus.

Das Faustlos-Curriculum

Bei dem Projekt «Faustlos» handelt es sich um eines der ersten deutschen Programme, das gezielt sozial-emotionale Kompetenzen fördern will, um einen Beitrag zur Gewaltprävention zu leisten. Es basiert auf Erkenntnissen und entwicklungspsychologischen Theorien zu den Defiziten aggressiver Kinder. So fehlen ihnen etwa Kompetenzen bei der Empathiefähigkeit, Impulskontrolle und im Umgang mit Ärger und Wut. Hier setzt das Projekt an und will gerade diese Bereiche fördern.

«Faustlos» basiert auf dem amerikanischen Projekt «Second Step», wurde aber gezielt an deutsche Verhältnisse angepasst und überarbeitet. Die drei Bereiche – Empathieförderung, Impulskontrolle und Umgang mit Ärger und Wut – werden in der Grundschule in einundfünfzig, im Kindergarten in achtundzwanzig Lektionen unterteilt.[197]

Das Programm unterstützt die Empathiefähigkeit, indem die Kinder unter anderem lernen, Gefühle anhand von Mimik, Gestik und Situation zu identifizieren. Sie sollen wahrnehmen, dass Menschen unterschiedliche Gefühle haben, und sie sollen lernen, beabsichtigtes von unbeabsichtigtem Handeln zu unterscheiden, Regeln für Fairness in einfachen Situationen anzuwenden, ihre Gefühle als «Ich-Botschaften» mitzuteilen und Sorge und Mitgefühl für andere auszudrücken. Die Kontrolle von impulsivem Verhalten wird gefördert, indem Problemlösungsverfahren gelernt und bestimmte Verhaltensfertigkeiten trainiert werden. Das Problemlösungsverfahren umfasst folgende Schritte: Problem benennen, Lösungsmöglichkeiten sammeln, diese bewerten und sich dann für eine Lösung entscheiden und die Folgen reflektieren.

Im Training werden die Kinder darin unterstützt, sich in sozialen Situationen angemessen und erfolgreich zu verhalten, indem sie durch vielfältige Rollenspiele verschiedene Situationen ihres Alltagslebens durchspielen. Die Rollenspiele bieten dabei einen geschützten Raum zum Experimentieren und Umsetzen gelernter Strategien. Die Kinder üben etwa, wie sie Ablenkungen und Störungen ignorieren können, wie sie jemanden höflich unterbrechen können und wie sie dem Impuls, zu lügen oder zu stehlen, widerstehen können.

In der dritten Einheit, Umgang mit Ärger und Wut, werden Techniken zur Stressreduktion vermittelt, um mit Gefühlen wie Ärger oder Wut konstruktiv umgehen zu können. Dabei soll es nicht darum gehen, diese Impulse «wegzuerziehen», sondern die sich hieraus möglicherweise ergebenden aggressiv-destruktiven Verhaltensweisen zu vermeiden. In diesem Rahmen wird zunächst die Selbstwahrnehmung trainiert, werden Beruhigungstechniken vermittelt, und es wird an bereits gelernte Problemlösungsansätze angeknüpft, bevor auch dieser Prozess mit einer Reflexion abgeschlossen wird.

Das Programm wird von Erzieherinnen und Erziehern beziehungsweise den Lehrerinnen und Lehrern vor Ort umgesetzt, nachdem sie an einer eintägigen Fortbildung teilgenommen haben und mit den praktischen Materialien ausgestattet wurden. Der Materialienkoffer umfasst neben einem Handbuch, einem Anweisungsheft, Fotos und Overheadfolien für den Kindergarten auch zwei Handpuppen. Die Durchführungsdauer beträgt ungefähr ein Jahr.

Die Evaluationen des Programms an Grundschulen erbrachten in den USA wie auch in Deutschland übereinstimmend positive Ergebnisse: Die Kinder der Untersuchungsgruppen waren signifikant empathischer, verfügten über deutlich bessere Problemlösungsfähigkeiten, waren weniger körperlich aggressiv und zeigten mehr neutrales beziehungsweise prosoziales Verhalten als die Mädchen und Jungen der Kontrollgruppen. Eine Evaluation über die Auswirkungen des Programms in Kindergärten in Deutschland wurde Ende 2004 abgeschlossen. Diese Studie ergab, dass in der Untersuchungsgruppe die Empathiefähigkeit der Kinder signifikant zugenommen hatte: Die Kinder waren besser in der Lage, Emotionen zu identifizieren, mehr Lösungsideen für soziale Probleme zu liefern, mehr negative Konsequenzen aggressiven Verhaltens zu antizipieren und mehr Beruhigungstechniken abzurufen. Die Vergleichsgruppe wies hingegen keine auffällig positiven Veränderungen auf. Damit war in der Untersuchungsgruppe bereits ein deutlicher Zuwachs sozial-kognitiver Gewaltpräventionskompetenzen zu erkennen.[198]

Während aus der Perspektive der Eltern kaum Verhaltensänderungen der Kinder angegeben wurden, bemerkten die Erzieher in der Programmgruppe einige positive Veränderungen, die auf einen deutlichen Zuwachs an Impulskontroll-Fähigkeiten hindeuten, etwa wenn signifikant öfter nach der Durchführung des Programms angegeben wurde, dass die Kinder miteinander verhandeln, mehr konstruktive Vorschläge machen und sich im Spiel abwechseln. Die externen Beobachter verzeichneten darüber hinaus in der Programmgruppe einen deutlichen Rückgang verbaler Aggressionen. Dass die Eltern angaben, keine Verhaltensänderungen ihrer Kinder zu bemerken, kann zum einen daran liegen, dass sie offenbar dazu neigten, ihren Sprösslingen stabile Verhaltensmuster zuzuschreiben, und zum anderen daran, dass Kinder aggressive oder sozial kompetente Verhaltensweisen weniger im häuslichen Umfeld, sondern insbesondere in sozialen Interaktionen innerhalb größerer Gruppen Gleichaltriger zeigen.

Im Ergebnis zeigt das «Faustlos»-Curriculum deutliche Verbesserungen der sozial-kognitiven Gewaltpräventionskompetenzen. Nach nur einem Jahr der Intervention zeichnen sich deutlich positive Veränderungen ab, für einen Transfer der erlernten Strategien auf Situationen außerhalb des Kindergartens sind aber offenbar mehr Zeit und weitere Übung nötig. Dies soll durch Weiterentwicklungen der spielerischen und praktischen Inhalte des Programms erreicht werden. Offen bleibt natürlich im Moment noch, wie langfristig diese Verhaltensänderungen sind und ob sich diese in späteren Jahren im Hinblick auf mögliche Delinquenzbelastungen auswirken.

Ein Mehr-Ebenen-Programm im Kindergarten

In einem anderen deutschen Modellprojekt, das unter dem Titel «Soziale Kompetenz für Kinder und Familien» als kombinierte Entwicklungs- und Präventionsstudie in Erlangen und Nürnberg durchgeführt wurde, wurden einerseits die Entstehung und Verfestigung von Verhaltensproblemen im Kindergartenalter untersucht. Andererseits war es eine Präventionsstudie, in der die Wirkungen von zwei Programmen gemessen wurden, die sowohl die Erziehungskompetenz der Eltern wie auch die soziale Kompetenz der Kinder erhöhen sollten.[199] Beide Programme beruhen wiederum auf nordamerikanischen Präventionsprogrammen und wurden an deutsche Verhältnisse angepasst.

Das Kindertraining umfasste fünfzehn etwa einstündige Sitzungen in Gruppen mit sechs bis zehn Teilnehmern, wobei mit Hilfe verschiedener Methoden sozial-kognitive Problemlösungsfähigkeiten vermittelt wurden. Diese reichten von der Identifikation von Gefühlen über das Sammeln von Lösungsmöglichkeiten bis zur Antizipation von Handlungskonsequenzen und deren Bewertung. Das Elterntraining zur Förderung der Erziehungskompetenz umfasste fünf zirka zweistündige Sitzungen, in denen die Grundregeln positiver Erziehung, das Grenzen-Setzen, die Bewältigung schwieriger Erziehungssituationen und andere Themen in den Gruppen erarbeitet wurden.

Bei 675 Mädchen und Jungen aus einundsechzig Kindergärten im Raum Erlangen-Nürnberg und Umgebung wurden in umfangreichem Maße Daten erhoben und die Auswirkungen des Programms untersucht. Am Kindertraining nahmen 178 Kinder teil, am Elterntraining 163 Mütter und 48 Väter aus 170 Familien. Zur Untersuchung der Kurswirkung bei den Kindern wurde der Untersuchungsgruppe eine Kontrollgruppe gegenübergestellt, in der kein Programm stattfand. Dabei wurde jedem Kind der Untersuchungsgruppe ein «Zwilling» der Kontrollgruppe zugeordnet, wobei beide in bestimmten demografischen Merkmalen miteinander übereinstimmten.

Sowohl das Kindertraining als auch das Elterntraining erbrachte signifikante Effekte. Die von den Erziehern beobachteten Verhaltensprobleme der Kinder aus der Untersuchungsgruppe reduzierten sich deutlich, während sich die der Kontrollgruppe leicht erhöhten. Dieser Effekt war deutlich, wenn die Mädchen und Jungen am Kindertraining teilgenommen hatten, etwas weniger stark ausgeprägt, wenn nur die Eltern am Elterntraining teilgenommen hatten, am deutlichsten jedoch dort, wo Kinder und Eltern am Training teilgenommen hatten. Dabei profitierten die Kinder am meisten, die zuvor mehr Verhaltensprobleme als andere aufgewiesen hatten. Daneben zeigten sich deutliche Verbesserungen in der sozialen Informationsverarbeitung der Mädchen und Jungen, die am Kindertraining teilgenommen hatten. Zwar konnten auch die Kontrollgruppenkinder mit zunehmendem Alter mehr Lösungsmöglichkeiten angeben, doch war der Zuwachs weniger ausgeprägt als bei den anderen Kindern. Bei einer Nachuntersuchung ein Jahr später sahen die Erzieher die Kinder der Untersuchungsgruppe als vermindert verhaltensauffällig, wobei sich der Unterschied insgesamt abgeschwächt hatte, aber bei den Kindern mit einem kombinierten Kinder- und Elterntraining immer noch signifikant war.

Insbesondere die Erweiterung der Studie verspricht interessante Ergebnisse, da hier gezielt auch 156 Kinder aus «Brennpunkt-Kindergärten», in denen Unterschichts- und Migrationsfamilien überrepräsentiert sind, untersucht werden. Ergebnisse liegen hierzu aber bislang noch nicht vor.

Das Papilio-Programm

Bei Papilio handelt es sich um ein Programm, das sich selbst als «Programm für Kindergärten zur Primärprävention von Verhaltensproblemen und zur Förderung sozial-emotionaler Kompetenz» und ausdrücklich als ein «Beitrag zur Sucht- und Gewaltprävention» begreift.[200] Es handelt sich dabei um eine Weiterentwicklung des Rotary-Projekts «LOS – Leben ohne Sucht», mit den Zielen, Risiken für die Entwicklung von Sucht und Gewalt zu reduzieren, Schutzbedingungen zu fördern und die altersgemäße Entwicklung zu unterstützen.[201] Zu diesem Zweck richtet sich das Programm sowohl an Kinder als auch an Eltern und Erzieher.

Bezogen auf die Kinder, wurden drei Module entwickelt: Im Rahmen des Moduls «Paula und die Kistenkobolde» werden mit Hilfe einer interaktiven Geschichte über einen Zeitraum von etwa fünf Wochen die Eigen- und Fremdwahrnehmung von Basisemotionen und der Umgang mit diesen Emotionen gefördert. Im Modul «Spielzeug-macht-Ferien-Tag» werden an einem festgelegten Tag in der Woche nicht die üblichen Spielmaterialien benutzt, sondern Spiele in der Gruppe durchgeführt, die soziale Interaktionen und Fertigkeiten fördern sollen. Im dritten Modul «Meins-deins-unser-Spiel» soll im Rahmen von Kleingruppen durch Nutzung grundlegender

Lernmechanismen prosoziales Verhalten gefördert und Problemverhalten vermindert werden, indem zum Beispiel die Einhaltung sozialer Regeln geübt wird. Die Erzieher erhalten Informationen über die kindliche Entwicklung und werden in verhaltensorientierten Verfahren geschult, um in der täglichen Interaktion angemessenes Verhalten der Kinder zu fördern und unangemessenes Verhalten zu reduzieren.

Die Eltern werden schließlich durch themenspezifische Elternabende in das Programm einbezogen, die den Transfer der Maßnahmen im Kindergarten in das Elternhaus sichern helfen. Auch von Papilio liegen inzwischen erste wissenschaftlich begleitete Ergebnisse vor, die in einer Studie mit 716 Kindern aus fünfundzwanzig Kindergärten gewonnen wurden, die man nach dem Zufallsprinzip in eine Interventionsgruppe und eine Wartekontrollgruppe, in der das Programm erst nach der Studie eingeführt wurde, eingeteilt hatte.

Vor Beginn der Studie gab es keine signifikanten Unterschiede zwischen diesen beiden Gruppen. Nach Durchführung des Programms zeigten erste Auswertungen der Erzieherfragebögen deutliche Verringerungen von Verhaltensauffälligkeiten in beiden Gruppen, auffälliger jedoch in der Programmgruppe, insbesondere bei Hyperaktivität und Aufmerksamkeitsproblemen. Das prosoziale Verhalten und sozial-emotionale Kompetenzen verbesserten sich in beiden Gruppen, fielen aber wiederum in der Programmgruppe deutlicher aus. In der Auswertung der Elternfragebögen war kein wesentlicher Unterschied zwischen den beiden Gruppen zu verzeichnen. Dies wird von den Autoren der Studie damit erklärt, dass innerhalb des viermonatigen Untersuchungszeitraums noch kein Transfer der gelernten Inhalte auf den Bereich des Elternhauses erfolgte, zumal zu diesem Zeitpunkt auch das Elterntraining noch nicht stattgefunden hatte.

Damit zeigt auch dieses Programm nach ersten Evaluationen positive Ergebnisse, die in weiteren Studien bestätigt werden sollen. Ebenso wird einmal mehr die Wichtigkeit der Einbindung der verschiedenen Beteiligten – Kinder, Erzieher, Eltern – betont.

Zusammenfassung und Ausblick

Im Ergebnis kann festgehalten werden, dass es ein Beitrag zur Gewaltprävention an Schulen ist, bereits in den Jahren vor der Schule, nämlich im Kindergarten, mit Präventionsbemühungen anzusetzen. Der Kindergarten ist hierfür ein grundsätzlich geeigneter Ort, kann aber ebenso wenig wie die Schule der einzige für Präventionsbemühungen sein. Wegen der Bandbreite an Ursachen für aggressives beziehungsweise delinquentes Verhalten dürfen deshalb auch von Präventionsprogrammen im Kindergarten keine Wunder erwartet werden. Die vorgestellten Studien zeigen positive Wirkungen und auch erhebliche Langzeitwirkungen gerade bei den früh ansetzenden Programmen. Wie im Bereich der Schule erweisen sich hierbei insbesondere solche als erfolgreich, die auf mehreren Ebenen wirken (Teil I), also etwa die Förderung sozialer Kompetenzen in Kindertrainings mit einem Elterntraining verbinden oder Eltern als gleichberechtigte Partner in die Programme integrieren. Um die vorgestellten Programme jedoch auf breiter Ebene einzuführen, bedarf es dringend einer weiteren – auch langfristigen – Evaluation von Pilotprojekten, einer entsprechenden Ausbildung für die Erzieher und eines Bewusstseins für diese Problematik auf der kommunalen Ebene als Träger der Kindergärten.

Teil VI

Wichtige Ergänzungen

Erfolgreiche Erziehungsprogramme

Kindergarten und Schule sind wichtige Instanzen sozialen Lernens. Ergänzend zeigen sich aber zunehmend weitere Erziehungsprogramme als präventiv wirksam. An dieser Stelle soll nur kurz auf diese Programme hingewiesen werden.[202] Der «Führerschein für Eltern» vermittelt als umfassende «Elternschule» Beziehungskompetenzen, bereitet Paare auf die Elternschaft vor, sensibilisiert Eltern für Signale ihres Kindes und die eigenen Wünsche und Gefühle, fördert die Qualität der Eltern-Kind-Beziehung und versucht so eine Prävention von Beziehungsstörungen. Im Heidelberger Elternseminar «Wie wird das wohl alles zu dritt werden?» vermitteln geschulte Hebammen Wissen in Elternseminaren. Das amerikanische Programm STEEP (Steps Towards Effective, Enjoyable Parenting) wurde 1986 für alleinerziehende Mütter entwickelt und kombiniert Unterstützung während der Schwangerschaft mit Hausbesuchen. Neben weiteren Programmen werden in Deutschland seit einigen Jahren «Baby-Ambulanzen» und Eltern-Säuglings-Sprechstunden angeboten, wenn exzessives Schreien, Schlaf- und Fütterungsstörungen auftreten. Elternschulen für Kinder ab drei Jahren sind etwa unter Triple P (Positive Parenting Program), STEP (Systematic Training for Effective Parenting), Starke Eltern – starke Kinder bekannt geworden.

Schulschwänzerprogramme

«Schülerinnen und Schüler, die sich häufig und auch über längere Zeiträume hinweg ihrer Schulpflicht entziehen, können ihre Bildungschancen nicht hinreichend nutzen», heißt es im Abschlussbericht über ein Modellprojekt gegen Schulschwänzen in Niedersachsen.[203] Achtundsiebzig Schulen in der Experimentalgruppe und fünfundsechzig Kontrollschulen aus verschiedenen Orten Niedersachsens wurden zwischen 2002 und 2004 untersucht. Im Ergebnis konnte das Schulschwänzen durch umfangreiche Maßnahmen, bei denen Schule, Eltern, Polizei, Beratungsstellen und Soziale Dienste kooperierten, deutlich reduziert werden. Die Sensibilität erhöhte sich, und das Schulschwänzen wurde häufiger sanktioniert. Wie beabsichtigt, wurden auch viele «Risikoschüler» erreicht und konnten dazu veranlasst werden, wieder die Schule zu besuchen. Daraufhin stieg die Zahl der Gewaltvorfälle an den Schulen geringfügig an, was nicht erwartungswidrig ist. Ein positiver Nebeneffekt lag im Rückgang des Ladendiebstahls – messbare Erfolge stellten sich bereits nach sechs Monaten ein.

Die Forschergruppe empfiehlt eine landesweite Umsetzung, weist jedoch auch deutlich auf den Bedarf hin, auf die schwierigen Schüler, die sich nun dem Unterricht nicht mehr entziehen, reagieren zu müssen. Diese Forderung lässt sich gut mit der Umsetzung des Olweus-Programms vereinbaren. Die Durchführung der Maßnahmen gegen Schulschwänzen funktioniert nur mit festen Helferteams und der Polizei. Die Kooperation war nicht an jedem Ort gleich verlässlich. Im Zuge des Projekts stellte sich ein schwieriges Verhältnis der Schulen zur Jugendhilfe heraus, wie vielfach aus der Praxis berichtet wird: Ohne konkrete Kooperation einzelner Personen wird es bei einem Nebeneinander verbleiben und «zur Perpetuierung wechselseitiger Vorurteile und negativer Haltungen beitragen», wie es im Forschungsbericht heißt.[204]

Integration von Migranten

An der Universität Bielefeld wird im Studiengang «Deutsch als Fremdsprache» Kindern und Jugendlichen mit Migrationshintergrund Unterstützung bei der Bewältigung schulischer Anforderungen angeboten – und die Erfolge können sich sehen lassen. Kleinen Gruppen von fünf bis zehn Schülern, die die Grundschule abgeschlossen haben, wird von Studierenden in der Universität Unterricht in Deutsch, Englisch und Mathematik erteilt. Die Studierenden bieten die Förderung als freiwillige Leistung oder im Rahmen eines studentischen Hilfskraftvertrags an, weshalb auch finanzielle Mittel benötigt werden.

Die positiven Effekte sind auf mehreren Ebenen zu sehen. Der Bildungsbenachteiligung der Kinder mit Migrantenhintergrund wird entgegengewirkt, die Schulen werden durch das Angebot des Förderunterrichtes entlastet, Studierende können ihrer Lehrerausbildung praktische Erfahrungen hinzufügen, und die Kinder profitieren von dem für sie kostenlosen Unterricht mit besseren Schulleistungen und Integration. Ein interessanter Nebenaspekt besteht auch im sozialen Kontext. Eltern werden beraten und unterstützt, wenn Schulkonflikte auftreten. Unterschiedliche Wertvorstellungen in Bezug auf Erziehungs- und Bildungsziele sind zu beachten, um auf die teilweise schwierigen und belastenden Lebensbedingungen, auch auf Gewaltanwendungen und Vernachlässigungen, zu reagieren. In Krisensituationen versucht man, Kindern und Jugendlichen beizustehen und Lösungen zu finden.[205]

Der Bedarf kann nicht gedeckt werden: Rund 200 Schüler nehmen die Angebote wahr, weitere 300 Schüler stehen permanent auf der Warteliste. Wäre es nicht denkbar, alle Pädagogik- und Lehramtsstudenten bundesweit in die Praxis einzubinden, diese Tätigkeit als Praktikum anzurechnen und flächendeckend bereits Grundschulkinder zu unterstützen, die deutsche Sprache und Grundfertigkeiten zu erlernen?

Zwischen Vorurteilen, etwa fremdenfeindlichen, rechtsextremistischen oder antisemitischen Einstellungen, und entsprechend motivierten Gewalttaten besteht zwar ein Unterschied, es ist aber von Zusammenhängen auszugehen. Nachahmungstäter etwa reagieren auf Berichterstattungen, rechtsextremistische Täter berufen sich nicht selten darauf, angeblich stellvertretend für die breite Bevölkerung zu handeln. Man kann nicht genau sagen, inwiefern menschenfeindliche Einstellungen das Handeln beeinflussen, man muss aber davon ausgehen, dass verbale Abwertungen der Tat vorausgehen und Gruppenkontexte gewaltfördernd wirken.[206]

Die Arbeitsgruppe «Primäre Prävention von Gewalt gegen Gruppenangehörige – insbesondere junge Menschen» hat im Auftrag des Deutschen Forums für Kriminalprävention und des Bundesministeriums der Justiz das Phänomen Hate Crime (Hasskriminalität, oder besser: Vorurteilskriminalität) unter dem besonderen Aspekt jugendlicher Gruppengewalt untersucht – und die Möglichkeiten der Primärprävention. Die Empfehlungen befürworten sehr frühe und intensive Sozialisationsbemühungen, um der Entwicklung von Vorurteilen entgegenzuwirken.[207] Werden im Elternhaus menschenfeindliche Einstellungen vermittelt, kann solchen Diskriminierungen – besonders in der Schule – erfolgreich begegnet werden. Da Kinder und Jugendliche jahrelang die Schule besuchen müssen, gibt es deutliche Hinweise auf verschiedene wirksame Programme gegen die Ausbildung von Vorurteilen.[208] An dieser Stelle können diese Programme nicht vertieft werden, hier soll nur ein gut evaluiertes und erfolgreiches Beispiel herausgegriffen werden:

Das Blue-Eyes/Brown-Eyes-Training wurde von der amerikanischen Lehrerin Jane Elliott entwickelt und in den USA und Europa in Schulen, aber auch in Unternehmen eingesetzt. Es handelt sich um eine Übung, die Diskriminierung anhand der Augenfarbe verdeutlicht. Das Training ist für einen Tag konzipiert, eine Nachbesprechung nach einigen Wochen gehört zum

Programm. Die Teilnehmer werden anfangs in Braun- und Blauäugige aufgeteilt. Die Blauäugigen werden im Laufe einzelner Übungen wie Mitglieder einer diskriminierten Minderheit behandelt. Alle möglichen negativen Stereotype werden auf sie angewendet. Im Ergebnis beginnen diese, sich unterlegen zu fühlen und das Stereotyp zu bestätigen. Eine Übung verläuft folgendermaßen: Die Teilnehmer sollen einen Intelligenztest bearbeiten. Die Braunäugigen wurden vorher heimlich über die Lösungen informiert. Natürlich schnitten die Blauäugigen im Test schlechter ab. Diese Übungen verdeutlichen den Teilnehmern, wie sich Minderwertigkeit anfühlt.[209]

Zwar sind viele Programme noch nicht auf ihre Wirkung hin evaluiert, es gibt jedoch weitere erfolgversprechende Ansätze, etwa bilinguale Unterrichtsprogramme, Informationen über «Fremde», die bei methodisch breiter Anlage (Verwendung schriftlicher Unterrichtsvorlagen, Vorträge, Diskussionen, Filme, Rollenspiele und außerschulische Exkursionen) effektiv sind. Dazu gehören auch Kontaktprogramme, wenn günstige Voraussetzungen vorliegen. Zeitlich umfangreichere Programme zeigten größere Wirkungen und erwiesen sich als besonders effektiv bei jüngeren Schülerinnen und Schülern.[210]

Anmerkungen

Teil I **Erfolgreiche Gewaltprävention**

1 1990 bemängelte die Gewaltkommission noch den unzureichenden Stand der Ursachenforschung; siehe Schwind u. a. (1990), S. 255.

2 Lösel/Bliesener (2003).

3 Klewin/Tillmann/Weingart (2002).

4 Bullying wird weiter unten definiert; die verschiedenen Dunkelfeldbefragungen legen jeweils spezielle Definitionen und Umschreibungen gewalttätiger Handlungen zugrunde, die gut nachvollzogen werden können.

5 Schwind/Baumann (1990).

6 Klewin/Tillmann/Weingart, in: Heitmeyer/Hagan (Hrsg.) (2002), S. 1092; Schwind, in: Melzer/Schwind (2004), S. 23 ff.

7 PKS (2004) sowie erläuternd Bannenberg/Rössner (2005), S. 28 ff., 56 ff., 70 ff.

8 PKS (2004), S. 102 ff., S. 233. Die Tatverdächtigenbelastungsziffern werden nur für Deutsche ausgewiesen, da die genaue Anzahl der Nichtdeutschen an der Wohnbevölkerung nicht feststellbar ist.

9 Traulsen, ZJJ (2003), S. 250, S. 252.

10 Alle Angaben aus Traulsen, ZJJ (2003), S. 252 f.

11 Meier, in: Holtappels u. a. (1999), S. 225 ff.

12 Pfeiffer u. a. (2005), (2006), www.kfn.uni-hannover.de; Wetzels/Enzmann/Mecklenburg/Pfeiffer (2001); Wilmers/Enzmann/Schaefer/Herbers/Greve/Wetzels (2002).

13 Feltes/Goldberg (2005).

14 Cierpka (2005).

15 So auch Melzer (2004), S. 44, in einer zusammenstellenden Bewertung vieler Präventionsprogramme für die Schule: «Der Einsatz solcher Programme sind ein Erfolg versprechender Weg der Gewaltprävention. Wie dargelegt, zeigen die vorliegenden Studien aber ausnahmslos, dass darüber hinaus Veränderungen der Schul- und Unterrichtskultur sowie der Rahmenbedingungen und des Umfeldes

der Schule eine wichtige Präventionsstrategie darstellen. Wegweisend für eine integrative Strategie beider Präventionsaspekte ist das schulumfassende Programm des Skandinaviers Dan Olweus (1997, 2002), das wir selbst auch seit Jahren mit Erfolg praktizieren.»

16 Olweus, in: Davies et al. (1996), S. 249.

17 Wenn von «Schülern», «Lehrern» u. Ä. die Rede ist, gelten diese Wörter als neutrale Rollenbegriffe.

18 Für diese Variante entschieden sich die Übersetzer des Olweus-Buches, in: Olweus (1999), S. 11, sowie Knaack/Hanewinkel, in: Pädagogik (1999), S. 13 ff.

19 Ebenfalls Olweus (1999), S. 11.

20 Vgl. Cambridge International Dictionary of English: «(to) bully: to hurt or frighten other people, often forcing them to do something, they do not want to do».

21 Beibehalten wird der Begriff des «Bullying» etwa von Schuster, in: Empirische Pädagogik (1997), S. 315 ff., und Lösel/Bliesener (2003) bzw. Lösel/Averbeck/Bliesener, in: Empirische Pädagogik (1997), S. 327 ff.

22 Olweus, in: Davies et al. (1996), S. 249; Olweus, in: Holtappels u. a. (1999), S. 282.

23 Olweus, in: Davies et al. (1996), S. 249.

24 Olweus, in: Holtappels u. a. (1999), S. 282.

25 Ebd.

26 Ebd., S. 283.

27 Ebd., S. 286.

28 Ebd., S. 287.

29 Ebd.

30 Ebd., S. 286.

31 Ebd.

32 Ebd., S. 285 f.

33 Ebd., S. 288.

34 Ebd.

35 Beispiel aus Olweus (1993); auch Olweus, in: Holtappels u. a. (1999), S. 281.

36 Hildesheim, Niedersachsen, in: Frankfurter Allgemeine Zeitung, 4. Februar 2004.

37 Erding/Bayern, in: Frankfurter Allgemeine Zeitung, 6. Februar 2004.

38 Bremen, in: Frankfurter Rundschau, 20. Februar 2004.

39 Verwaltungsgericht Berlin, Az. VG 3A 930.05.

40 Olweus (1996), S. 251; Lösel/Bliesener (2003).

41 Olweus, in: Holtappels u. a. (1999), S. 288.
42 Schubarth/Ackermann (2000), S. 30.
43 Ebd., Vorwort, S. 7.
44 Auch nach Lösel/Bliesener (2003), S. 142, waren fünf Prozent der Schüler Bullys; allgemein zu Intensivtätern: Bannenberg/Rössner, Leitlinien (2002), S. 19 f.
45 Vgl. auch umfassend zum Forschungsstand Lösel/Bliesener (2003), insbesondere S. 25 ff.
46 Olweus, in: Davies et al. (1996), S. 249.
47 Olweus, in: Holtappels u. a. (1999), S. 285.
48 Ebd.
49 Ebd., S. 283.
50 Die folgenden Zahlen entstammen Hanewinkel/Knaack, in: Empirische Pädagogik (1997), S. 403 (408 ff.).
51 Sekundärquelle bei Schneider (2001), S. 237 f.; Bornewasser/Schulze, forum kriminalprävention (4/2003), S. 31–35, m. w. Nw.
52 Lösel/Bliesener (2003), zusammenfassend S. 140 ff.
53 Ebd., S. 140.
54 Olweus, in: Holtappels u. a. (1999), S. 284; Lösel/Bliesener (2003).
55 Hanewinkel/Knaack, in: Empirische Pädagogik (1997), S. 403 (416 f.). Zur methodischen Bewertung dieser Studie wird auf den Selbstselektionsprozess hingewiesen, da die Teilnahme an der Befragung freiwillig und die Stichprobe der Schulen nicht repräsentativ war.
56 Olweus, in: Holtappels u. a. (1999), S. 287.
57 Bock (2000), Rn. 302; Wetzels (1997).
58 Ebd., Rn. 304; Straus/Gelles (1990); Meier (2005), S. 207.
59 Bock (2000), Rn. 302; Meier (2005), S. 207 f.
60 Olweus, in: Holtappels u. a. (1999), S. 290; Olweus (1999), S. 56. Vgl. zur Schikane-Problematik unter japanischen Schulkindern Foljanty-Jost, in: Foljanty-Jost/Rössner (Hrsg.) (1997), S. 13–26, und Morita, in: Foljanty-Jost/Rössner (Hrsg.) (1997), S. 85–100.
61 Olweus, in: Holtappels u. a. (1999), S. 290; Olweus (1999), S. 56.
62 Widom/White (1997), S. 287 ff.
63 Olweus, in: Holtappels u. a. (1999), S. 289.
64 Ebd.
65 Lösel/Bliesener (2003), S. 143.
66 Glueck/Glueck (1963), S. 72, S. 76: Spätere Delinquente wurden bei Befragung der Lehrer im Verhalten gegenüber Mitschülern als streitsüchtig und unfreundlich eingestuft und fielen häufiger durch

ordnungswidriges und störendes Verhalten auf; zudem bei Göppinger (1983), S. 60ff. Noch nicht bestätigt, da bislang keine empirischen Untersuchungen dazu vorliegen, ist das Ergebnis der amerikanischen Studie (an allerdings nur sechs Schülern) zu extremer Schulgewalt/Schulamok, wonach Bullying als ein bedingender Faktor der Amokläufe gesehen wurde, Moore et al. (2002). Eine deutsche empirische Untersuchung zum Phänomen tödlicher Schulgewalt wurde an der Universität Bielefeld begonnen (Bannenberg).

67 Olweus, in: Holtappels u. a. (1999), S. 289.

68 Impulsivität, Hyperaktivität, Aufmerksamkeitsprobleme, emotionale Labilität und ein schwieriges Temperament gelten mittlerweile klar als Risikofaktoren für aggressive Entwicklungen, wenn kumulierte soziale Risikofaktoren hinzukommen, vgl. Lösel/Bliesener (2003), S. 9 ff. mit zahlreichen Nachweisen.

69 Diverse Untersuchungen am Institut für Kriminologie unter Leitung von Prof. Kerner; jüngst erschien eine neu bearbeitete Auflage von Stelly/Thomas: Kriminalität im Lebenslauf (2005).

70 Speziell für den Bereich Schule: Lösel/Bliesener (2003).

71 Glueck/Glueck (1957), S. 130ff.; Göppinger (1983), S. 32ff.; West (1969), S. 58 bzw. bei Bock (2000), Rn., S. 210; Lösel/Bliesener (2003), S. 10f.

72 Olweus, in: Holtappels u. a. (1999), S. 285.

73 Lösel/Bliesener (2003), S. 162ff.: Folgerungen für Prävention und Intervention; Nolting (2001); Nolting/Knopf (1998), S. 249ff.; Schubarth/Ackermann (2000); Hurrelmann/Rixius/Schirp u. a. (1999).

74 Olweus, in: Holtappels u. a. (1999), S. 291; die Studien wurden mehrfach wiederholt, siehe dazu insbesondere die Erfahrungen in Teil II.

75 Olweus, in: Holtappels u. a. (1999), S. 294.

76 Ebd., S. 295, sowie mit weitergehenden Erläuterungen Olweus (1999), S. 73 ff.

77 Zum Ganzen mit weiterführenden Nachweisen für alle Maßnahmen und die Überprüfung der Evaluationen: Nolting/Knopf (1998), S. 249–260.

78 Ebd., S. 249, S. 257f.; Hanewinkel (2004), S. 81ff.; Wilson/Gottfredson/Najaka (2001), S. 247ff., sowie Gottfredson/Wilson/Najaka, in: Sherman et al. (2002), S. 56ff.; dazu noch unten.

79 Bock (2000), Rn. 319.

80 Kaiser (1997), S. 76.

81 Bock (2000), Rn. 319.
82 Kaiser (1997), S. 76.
83 Olweus, in: Holtappels u. a. (1999), S. 295.
84 Ebd., S. 296.
85 Ebd., S. 291.
86 Ebd.
87 Ebd.
88 Ebd., S. 292.
89 Ebd.
90 Ebd.
91 Olweus, in: Davies et al. (1996), S. 257.
92 Die folgenden theoretischen Ausführungen stammen aus der Sekundärquelle bei: Hanewinkel/Knaack, in: Holtappels u. a. (1999), S. 301 ff.
93 Vgl. für eine schematische Darstellung: Hanewinkel/Knaack, in: Holtappels u. a. (1999), S. 301.
94 Rössner, in: Meier/Rössner/Schöch (2003), § 1, Rn., S. 7; ausführlich Bannenberg/Rössner, Leitlinien (2002).
95 Ausführlich auch: Wagner/van Dick/Christ, in: Bannenberg/Rössner (2002), S. 265 ff., S. 307 ff.
96 Überblick bei: Meier (2005), S. 64 ff.
97 Gottfredson/Hirschi (1990) unter Bezugnahme auf ihre früheren Veröffentlichungen.
98 Ebd., S. 85 ff.
99 Ebd., S. 97 ff.
100 Schneider (2001), S. 57.
101 Stelly/Thomas (2005) m. w. Nw. und zum Forschungsstand der Lebenslauftheorien.
102 Lösel/Bliesener (2003), S. 140 ff.

Teil II **Die Erprobung der Anti-Bullying-Strategie in der Praxis**

103 Zum Ausmaß und zur Bewertung des Bullying-Problems in den einzelnen Ländern vgl. die angegebenen Veröffentlichungen bzw. die Zusammenstellungen für die europäischen Länder unter: www.gold.ac.uk/connect/countryreports.html.
104 Smith/Ananiadou/Cowie (2003), S. 593.
105 Commonwealth Attorney-General's Department (Hrsg.) (2002), S. 50.
Die Studie ist unter: www.education.unisa.edu.au/bullying/meta.

pdf erhältlich.

106 Smith/Ananiadou/Cowie (2003), S. 594.

107 Smith/Brain (2000), S. 7.

108 Commonwealth Attorney-General's Department (Hrsg.), (2002), S. 51.

109 O'Moore (2000), S. 99–111.

110 Länderbericht unter: www.gold.ac.uk/connect/reportireland.html.

111 Ergebnisse unter: www.gold.ac.uk/connect/reportireland.html.

112 Stevens/Bourdeaudhuij/van Oost (2000), S. 197.

113 Ebd., S. 200.

114 Ebd., S. 198.

115 Ebd., S. 206 f.

116 Vgl. Ortega/Lera (2000), S. 118 ff. Hilfreich sind auch die Erläuterungen im spanischen Länderreport unter: www.gold.ac.uk/connect/reportspain.html und die grafische Darstellung unter: www.gold.ac.uk/connect/reportspaingraphs.html.

117 Zur Kritik: Commonwealth Attorney-General's Department (Hrsg.) (2002), S. 53.

118 Länderreport unter: www.gold.ac.uk/connect/reportspain.html.

119 Länderbericht unter: www.gold.ac.uk/connect/reportaustria.html.

120 Zu beiden Studien: www.gold.ac.uk/connect/reportfinland.html.

121 Ausführlich zur Kempele-Studie: Koivisto, in: Smith/Pepler/Rigby (2004), S. 235–249.

122 Commonwealth Attorney-General's Department (Hrsg.) (2002), S. 43.

123 Ebd.

124 Vgl. www.education.unisa.edu.au/bullying/meta.pdf, 29. April 2003.

125 Ebd.

126 Smith/Ananiadou/Cowie (2003), S. 594.

127 Commonwealth Attorney-General's Department (Hrsg.) (2002), S. 40.

128 Smith/Ananiadou/Cowie (2003), S. 594 f.

129 Limber/Nation/Tracy/Melton/Flerx, in: Smith/Pepler/Rigby (2004), S. 72.

130 Wilson/Gottfredson/Najaka (2001), S. 247, S. 250, sowie Gottfredson/Wilson/Najaka, in: Sherman et al. (2002), S. 56 ff.

131 Wilson/Gottfredson/Najaka (2001), S. 251.

132 Ebd., S. 266.
133 Ebd., S. 265.
134 Ebd., S. 268.
135 Ebd.
136 Ebd.
137 Ebd.
138 Ausführlich: Stevens/de Bourdeaudhuij/van Oost (2001), S. 155–167.
139 Hanewinkel/Knaack, in: Holtappels u. a. (1999), S. 299–313, sowie die kurze Zusammenfassung der Autoren in: Pädagogik (1999), S. 13–16.
140 Ferstl/Niebel/Hanewinkel (1993).
141 Da den Schulen die Teilnahme an der Zweitbefragung freigestellt war, nahmen nur mehr siebenunddreißig Schulen an dieser teil. Zum Teil wird Unzufriedenheit mit dem Fragebogen als Grund für die Nichtteilnahme an der Zweitbefragung angegeben. Unabhängig von der Teilnahme arbeiteten alle Schulen auf dem Feld der Gewaltprävention weiter.
142 Hanewinkel (2004), S. 96.
143 Ebd., S. 96, S. 97.
144 Ein ganz herzlicher Dank geht an dieser Stelle an Herrn Heimes vom Kommissariat Vorbeugung der Polizei Viersen und Herrn Gerhards vom IAF der Polizei in NRW, BZ Neuss, ohne deren Hilfe und Materialien die folgende Darstellung nicht möglich gewesen wäre.
145 Dieses Heft ist nach wie vor auf der Homepage www.polizei-beratung.de kostenlos erhältlich. Weiter wird für Schulen auch das Medienpaket mit dem Lehrfilm «Abseits» angeboten.
146 «Zickenterror».
147 Aus der Schülerverpflichtung des Erasmus-von-Rotterdam-Gymnasiums in Viersen.

Teil IV **Impulse zum Umgang mit Aggression im Kindergarten**

148 Haug-Schnabel (2001).
149 Dittrich et al. (2001).
150 Hafen (2002).
151 Dittrich et al. (1997).
152 Sturzbecher/Wurm (2001).
153 Sturzbecher/Großmann (2002).

154 Ebd.
155 Tschöpe/Scheffler (2005).
156 Haug-Schnabel/Schmid-Steinbrunner (2002).
157 Haug-Schnabel (2004a).
158 Schmidt-Denter (1980).
159 Sturzbecher/Großmann (2002).
160 Hassenstein (2000).
161 Medicus (1994).
162 Nickel/Schmidt-Denter (1980).
163 Haug-Schnabel (2003a).
164 Frick (2003).
165 Zum Beispiel BBK-Skalenbildung nach Mayr (2003). Der BBK (Beobachtungsbogen für Kinder im Vorschulalter) dient der systematischen Verhaltensbeobachtung von Kindern im Alter von vier bis sechs Jahren. 78 Verhaltensweisen werden anhand von Beobachtungsnotizen nachträglich fünf Kategorien (von «sehr selten» bis «sehr oft») zugeordnet. Am Schluss der Beurteilung werden alle Punktwerte zusammengezählt. Der Gesamtwert kann dann mit einer Bezugsnorm verglichen werden, um zu beurteilen, wo das Kind im Vergleich zu den Gleichaltrigen steht. Diese Skala ist anhand vorheriger Untersuchungen von vielen Kindern gebildet worden, und der Normbereich der Skala umfasst den mittleren Bereich von 40 Prozent dieser Kinder.
166 Hillenbrand/Hennemann (2005), Caspi et al. (1987).
167 Largo/Benz-Castellano (2005).
168 Nach Petermann u.a. (2004).
169 Krenz (2001).
170 Haug-Schnabel (2002).
171 Nach Hillenbrand/Hennemann (2005) und Lemerise/Arsenio (2000).
172 Petermann u.a. (2001).
173 Haug-Schnabel (2004b).
174 Hillenbrand/Hennemann (2005).
175 Lösel u.a.(1997).
176 Irwin/Gross (1995).
177 BEK von Mayr (1998). Der BEK (Beobachtungsbogen zur Erfassung von Entwicklungsrückständen und Verhaltensauffälligkeiten bei Kindergartenkindern) ist ein grober Einschätzungsbogen mit einer dreistufigen Skala (unauffällig – leicht ausgeprägt – stark

ausgeprägt) zur Früherkennung von Entwicklungsrisiken von Kindern zwischen vier und sechs Jahren in Kindergärten.

178 Sturzbecher/Großmann (2002).

179 Haug-Schnabel (1999), (2003 b).

Teil V **Prävention in Kindergarten und Vorschule – erfolgreiche Programme**

180 Haug-Schnabel, in: Krenz (Hrsg.) (2003 b), S. 5 ff.

181 Lösel/Beelmann/Jaursch/Stemmler, in: Bundesministerium für Familie, Senioren, Frauen und Jugend (Hrsg.), (2004), S. 8 f.

182 Ebd., S. 22.

183 Meier/Rössner/Schöch (2003), S. 5 f.

184 Schick/Cierpka, in: Melzer/Schwind (Hrsg.) (2004), S. 54.

185 Ausführlich: www.highscope.org/Research/PerryProject/perrymain.htm.

186 www.highscope.org/Research/PerryProject/Perry-SRCD-2003.pdf, S. 3 ff.

187 Ebd., S. 4.

188 www.highscope.org/Research/PerryProject/tale.htm.

189 www.highscope.org/Research/PerryProject/Perry-SRCD-2003.pdf, S. 4.

190 Für die Ergebnisse im Alter von siebenundzwanzig Jahren www.highscope.org/Research/PerryProject/Perry-SRCD-2003.pdf, S. 4 f., sofern für einzelne Punkte keine andere Quelle angegeben wurde.

191 In einer Kosten-Nutzen-Analyse wurde berechnet, dass bereits zu diesem Zeitpunkt der Studie eine Kosten-Nutzen-Relation von 1 zu 7,16 bestand, das heißt, jeder in das Programm investierte Dollar erbrachte einen Gewinn von 7,16 Dollar, der sich insbesondere aus dem höheren Steueraufkommen der Programmgruppe und Einsparungen im Bereich der sozialen Unterstützung und des Justizsystems ergab, www.highscope.org/Research/PerryProject/Perry-SRCD-2003.pdf, S. 5.

192 www.highscope.org/Research/PerryProject/Perry.Age40SumWeb.pdf, S. 1 ff.

193 Auch die Kosten-Nutzen-Relation hatte sich noch einmal um ca. 1 zu 5 verbessert.

194 «The major conclusion of this midlife phase of the Perry Preschool research study is that high-quality preschool programs for young children living in poverty contribute to their intellectual and so-

cial development in childhood and their school success, economic performance, and reduced commission of crime in adulthood. This study confirms that these findings extend not only to young adults, but also to adults in midlife. It confirms that the long-term effects are lifetime effects.» Vgl. www.highscope.org/Research/PerryProject/PerryAge40Sumweb.pdf, S. 5 (Hervorheb. durch d. Verf.).

195 Seitz, Annals of Child Development 7 (1990), S. 83.

196 Head Start Faces (2000), S. 1 ff.

197 Zu Faustlos: Cierpka (2005); Schick/Cierpka, in: Melzer/Schwind (Hrsg.) (2004), S. 55 ff.

198 Zum Folgenden siehe: Landesstiftung Baden-Württemberg (Hrsg.) (2004), S. 20–25.

199 Zum Ganzen siehe: Lösel/Beelmann/Jaursch/Stemmler, in: Bundesministerium für Familie, Senioren, Frauen und Jugend (Hrsg.) (2004), insbesondere S. 5–21.

200 www.papilio.de/download/papilio_expose.pdf, S. 1 ff.

201 Zum Ganzen siehe www.papilio.de/download/papilio-ergebnisse.pdf, S. 5–19.

Teil VI **Wichtige Ergänzungen**

202 Zusammenfassend mit Programmdarstellungen: Cierpka, in: Egle/Hoffmann/Joraschky (Hrsg.) (2004).

203 Abschlussbericht zur Evaluation des Niedersächsischen Modellprojekts gegen Schulschwänzen (ProgeSs), Universität Hamburg (April 2005); Forschungsprojekt im Auftrag der Niedersächsischen Ministerien für Kultus, Inneres und Sport, Soziales, Frauen, Familie und Gesundheit sowie Justiz in Zusammenarbeit mit dem Landespräventionsrat Niedersachsen; Kurzfassung «Das Modellprojekt gegen Schulschwänzen (ProgeSs) in Niedersachsen: Ergebnisse der Evaluation» (September 2005).

204 Kurzfassung, S. 46.

205 Ausführliche Hinweise: www.uni-bielefeld.de/lili/studiengaenge/daf/foerderunterricht.

206 Ein umfassendes DFG-gefördertes interdisziplinäres Forschungsprojekt widmet sich der Erforschung dieser Zusammenhänge, vgl. etwa Heitmeyer (Hrsg.) (2002–2006).

207 Die Ergebnisse der Arbeitsgruppe, die von August 2001 bis 2003 tagte und den Endbericht Anfang 2004 den Auftraggebern übergab, enthält konkrete Empfehlungen. Die umfangreichen Materia-

lien der Arbeitsgruppe bis hin zu den Empfehlungen können kostenlos von der Homepage des DFK heruntergeladen werden: www.kriminalpraevention.de, unter «download». Anfang 2006 werden maßgebliche Teile und Resultate der Arbeitsgruppe auch in der Reihe «Recht» des Bundesministeriums der Justiz zur Verfügung stehen.

208 Wagner/van Dick/Christ, Teil III Düsseldorfer Gutachten (2002), S. 266, S. 283.

209 www.eyetoeye.org.

210 Zu den Erfolgsaussichten unterschiedlichster Programme: Wagner/Christ/van Dick, Gutachten Arbeitsgruppe Hate Crime.

Literatur

Bannenberg, B./Rössner, D.: Kriminalität in Deutschland. München 2005

Bannenberg, B./Rössner, D.: Düsseldorfer Gutachten. Leitlinien wirkungsorientierter Kriminalprävention. Düsseldorf 2002. www.duesseldorf.de/download/dgll.pdf

Bannenberg, B./Rössner, D.: Düsseldorfer Gutachten. Empirisch gesicherte Erkenntnisse über kriminalpräventive Wirkungen. Düsseldorf 2002. www.duesseldorf.de/download/dg.pdf

Bock, M.: Kriminologie. Für Studium und Praxis, 2. Aufl., München 2000

Bornewasser, M./Schulze, K.: Gewalt in Schulen des Landes Mecklenburg-Vorpommern. In: Forum kriminalprävention 4/2003, S. 31–35

Brettfeld, K./Enzmann, D. Trunk, D./Wetzels, P.: Abschlussbericht zur Evaluation des Niedersächsischen Modellprojektes gegen Schulschwänzen (ProgeSs), Universität Hamburg, April 2005; Forschungsprojekt im Auftrag der Niedersächsischen Ministerien für Kultus, Inneres und Sport, Soziales, Frauen, Familie und Gesundheit sowie Justiz in Zusammenarbeit mit dem Landespräventionsrat Niedersachsen; Kurzfassung: «Das Modellprojekt gegen Schulschwänzen (ProgeSs) in Niedersachsen: Ergebnisse der Evaluation», September 2005

Caspi, A./Elder, G. H. jr./Bem, D. J.: Moving against the world. Lifecourse patterns of explosive children. In: Developmental Psychology 23 (2), 1987, S. 308–313

Cierpka, M.: Faustlos. Wie Kinder Konflikte gewaltfrei lösen lernen. Freiburg 2005

Cierpka, M.: Ein Konzept für die psychosoziale Prävention zur Eindämmung von Misshandlung, Missbrauch und Vernachlässigung. In: Egle, U. T./Hoffmann, O./Joraschky, P. (Hrsg.): Sexueller Missbrauch, Misshandlung, Vernachlässigung. 3. Aufl., Stuttgart. 2004

Commonwealth Attorney-General's Department (Hrsg.): A Meta-Evaluation of methods and approaches to reducing Bullying in Pre-Schools and early primary school in Australia. Canberra 2002
Crick, N. R./Dodge, K. A.: A review and reformulation of social information-processing mechanisms in children's social adjustment. In: Psychological Bulletin 115 (1), 1994, S. 74–101
Dittrich, G./Dörfler, M./Schneider, K.: «Am liebsten hätt' ich keine». Konflikte unter Kindern. Erzieherinnen berichten aus ihrem Alltag. Bd. 3, Deutsches Jugendinstitut. München 1997
Dittrich, G./Dörfler, M./Schneider, K.: Wenn Kinder in Konflikt geraten. Eine Beobachtungsstudie in Kindertagesstätten. Neuwied 2001
Düsseldorfer Gutachten: www.duesseldorf.de/download/dg.pdf sowie Leitlinien www.duesseldorf.de/download/dgll.pdf
Feltes, T./Goldberg, B.: Ergebnisse der Schülerbefragung aus dem Schuljahr 2003/04. Bochum 2005. www.ruhr-uni-bochum.de/kriminologie/forschung.html
Ferstl, R./Niebel, G./Hanewinkel, R.: Gutachterliche Stellungnahme zur Verbreitung von Gewalt und Aggression an Schulen in Schleswig-Holstein. Kiel 1993
Foljanty-Jost, G.: Gewalt unter Jugendlichen in Japan. Bestandsaufnahme, Forschungsstand und Fragestellungen. In: Foljanty-Jost, G./Rössner, D. (Hrsg.): Gewalt unter Jugendlichen in Deutschland und Japan. Ursachen und Bekämpfung. Baden-Baden 1997, S. 13–26
Glueck, E./Glueck, S.: Jugendliche Rechtsbrecher. Wege zur Vorbeugung. Stuttgart 1963
Glueck, E./Glueck, S.: Unraveling Juvenile Delinquency. 3. Aufl., Cambridge (Mass.) 1957
Göppinger, H.: Der Täter in seinen sozialen Bezügen. Ergebnisse aus der Tübinger Jungtäter-Vergleichsuntersuchung. Berlin 1983
Gottfredson, D. C./Wilson, D. B./Najaka, St. S.: School-based crime prevention. In: Sherman, L. W./Farrington, D. P./Welsh, B. C./Layton MacKenzie, D.: Evidence-Based Crime Prevention. London/New York 2002, S. 56–164, Routledge
Gottfredson, M. R./Hirschi, T.: A General Theory of Crime. Stanford 1990
Hafen, M.: Fil rouge oder: einfache Lösungen gibt es nicht. In: Sucht-Magazin 4 (2), 2002, S. 3–8
Hanewinkel, R.: Prevention of bullying in German schools. An evaluation of an anti-bullying-approach. In: P. K. Smith/D. Pepler/K. Rigby

(Eds.): Bullying in schools. How Successful Can Interventions Be? Cambridge 2004, S. 81–97

Hanewinkel R./Knaack, R.: Das Anti-Mobbing-Programm nach Olweus. Ein schulumfassender Interventionsansatz. In: Pädagogik 1999, S. 13–16

Hanewinkel, R./Knaack, R.: Prävention von Aggression und Gewalt an Schulen. Ergebnisse einer Interventionsstudie. In: Holtappels, H. G./ Heitmeyer, W./Melzer, W./Tillmann, K.-J. (Hrsg.): Forschung über Gewalt an Schulen. Erscheinungsformen, Ursachen, Konzepte und Prävention. 2. Aufl., Weinheim/München 1999, S. 299–313

Hanewinkel, R./Knaack, R.: Mobbing: Eine Fragebogenstudie zum Ausmaß von Aggression und Gewalt an Schulen. In: Empirische Pädagogik, Jg. 11, 1997, S. 403–422

Hassenstein, B.: Verhaltensbiologie des Kindes. Heidelberg 2001

Haug-Schnabel, G.: Aggressionen im Kindergarten. Praxisbuch Kita. Freiburg 1999

Haug-Schnabel, G.: Die «Natur des Menschen» und die Beachtung des humanitären Völkerrechts. In: Hasse, J./Müller, E./Schneider, P. (Hrsg.): Humanitäres Völkerrecht. Baden-Baden 2001, S. 178–194

Haug-Schnabel, G.: Prävention und Förderung – im Spannungsfeld von evolutionärer Ausstattung und kultureller Anforderung. In: Alt, K. W./Kemkes-Grottenthaler, A. (Hrsg.): Kinderwelten. Anthropologie – Geschichte – Kulturvergleich. Köln 2002, S. 41–48

Haug-Schnabel, G.: Erziehen – durch zugewandte und kompetente Begleitung zum selbsttätigen Erkennen und Handeln anleiten. In: Gebauer, K./Hüther, G. (Hrsg.): Kinder brauchen Spielräume. Perspektiven für eine kreative Erziehung. Düsseldorf 2003 a, S. 40–54

Haug-Schnabel, G.: Aggressionen im Kindergarten. In: Krenz, A. (Hrsg.): Handbuch für Erzieherinnen. Landsberg am Lech 2003 b, S. 1–25

Haug-Schnabel, G.: Kinder von Anfang an stärken. Wie Resilienz entstehen kann. In: Theorie und Praxis der Sozialpädagogik (TPS) (5), 2004 a, S. 4–8

Haug-Schnabel, G.: Verhaltensbiologische Erkenntnisse aus der Mutter-Kind-Bindungsforschung. In: Die Hebamme 17 (3), 2004 b, S. 144–151

Haug-Schnabel, G./Bensel, J.: Grundlagen der Entwicklungspsychologie. Die ersten 10 Lebensjahre. Freiburg 2005

Haug-Schnabel, G./Schmid-Steinbrunner, B.: Wie man Kinder von Anfang an stark macht. So können Sie Ihr Kind erfolgreich schützen – vor der Flucht in Angst, Gewalt und Sucht. Ratingen 2002

Heitmeyer, W. (Hrsg.): Deutsche Zustände. Folge 1–4, Frankfurt am Main 2002–2006

Hillenbrand, C./Hennemann, T.: Prävention von Verhaltensstörungen im Vorschulalter. In: Vierteljahresschrift für Heilpädagogik und ihre Nachbargebiete 74 (2), 2005, S. 129–144

Holtappels, H. G./Heitmeyer, W./Melzer, W./Tillmann, K.-J. (Hrsg.): Forschung über Gewalt an Schulen. Erscheinungsformen und Ursachen, Konzepte und Prävention. 2. Aufl., Weinheim/München 1999

Hurrelmann, K./Rixius, N./Schirp, H., u. a.: Gewalt in der Schule. Ursachen, Vorbeugung, Intervention. Weinheim/Basel 1999

Irwin, R./Gross, A. M.: Cognitive tempo, violent video games, and aggressive behavior in young boys. In: Journal of Family Violence 10 (3), 1995, S. 337–350

Kaiser, G.: Kriminologie. 10. Aufl., Heidelberg 1997

Klewin, G./Tillmann, K.-J./Weingart, G.: Gewalt in der Schule. In: Heitmeyer, W./Hagan, J. (Hrsg.): Internationales Handbuch der Gewaltforschung. Wiesbaden 2002, S. 1078–1105

Knaack, R./Hanewinkel, R.: Das Anti-Mobbing-Programm nach Olweus. Ein schulumfassender Interventionsansatz. In: Pädagogik 1/1999, S. 13–16

Koivisto, M.: A follow-up survey of anti-bullying interventions in the comprehensive schools of Kempele in 1990–1998. In: Smith, P. K./Pepler, D./Rigby, K. (Eds.): Bullying in Schools. How Successful Can Interventions Be? Cambridge 2004, S. 235–249

Landesstiftung Baden-Württemberg (Hrsg.): Evaluation des Faustlos-Curriculums für den Kindergarten. Stuttgart 2004

Largo, R. H./Benz-Castellano, C.: Entwicklungsaufgaben und Krisen in den ersten Lebensjahren. In: Thun-Hohenstein, L. (Hrsg.): Übergänge. Wendepunkte und Zäsuren in der kindlichen Entwicklung. Göttingen 2005, S. 75–87

Lemerise, E. A./Arsenio, W. F.: An integrated model of emotion processes and cognition in social information processing. In: Child Development 71 (1), 2000, S. 107–118

Limber, S./Nation, M./Tracy, A./Melton, G./Flerx, V.: Implementation of the Olweus bullying prevention programme in the Southeastern United States. In: Smith, P. K./Pepler, D./Rigby, K. (Eds.): Bullying in

Schools. How Successful Can Interventions Be? Cambridge 2004, S. 55–79
Lösel, F./Beelmann, A./Jaursch, S./Stemmler, M.: Soziale Kompetenz für Kinder und Familien. Ergebnisse der Erlangen-Nürnberger Entwicklungs- und Präventionsstudie. In: Bundesministerium für Familie, Senioren, Frauen und Jugend (Hrsg.). Berlin 2004
Lösel, F./Bliesener, T.: Aggression und Delinquenz unter Jugendlichen. Untersuchungen von kognitiven und sozialen Bedingungen. München/Neuwied 2003 (BKA Polizei und Forschung, Band 20, verfügbar unter www.bka.de)
Lösel, F./Bliesener, T./Averbeck, M.: Erlebens- und Verhaltensprobleme von Tätern und Opfern. In: Holtappels, H. G./Heitmeyer, W./Melzer, W./Tillmann, K.-J. (Hrsg.): Forschung über Gewalt an Schulen. 2. Aufl., Weinheim/München 1999, S. 137–153
Lösel, F./Averbeck, M./Bliesener, T.: Gewalt zwischen Schülern der Sekundarstufe. Eine Untersuchung zur Prävalenz und Beziehung zu allgemeiner Aggressivität und Delinquenz. In: Empirische Pädagogik, Jg. 11, 1997, S. 327–349
Mayr, T.: Früherkennung von Entwicklungsrisiken in Kindertageseinrichtungen. In: Mayr, T./Ulich, M./Schmidt, G. (Hrsg.): Beobachtung in Kindertageseinrichtungen. KiTa spezial (1). Kronach 2003, S. 32–38
Mayr, T.: Beobachtungsbogen zur Erfassung von Entwicklungsrückständen und Verhaltensauffälligkeiten bei Kindergartenkindern (BEK). Staatsinstitut für Frühpädagogik. München 1998
Medicus, G.: Humanethologische Aspekte der Aggression. In: Schöny, W./Rittmannsberger, H./Guth, C. (Hrsg.): Aggression im Umfeld psychischer Erkrankungen. Ursachen, Folgen, Behandlung. Linz 1994, S. 29–56
Meier, B.-D./Rössner, D./Schöch, H.: Jugendstrafrecht. München 2003
Meier, B.-D.: Kriminologie. 2. Aufl., München 2005
Meier, U.: Gewalt im sozialökologischen Kontext der Schule. In: Holtappels, H. G./Heitmeyer, W./Melzer, W./Tillmann, K.-J. (Hrsg.): Forschung über Gewalt an Schulen. Erscheinungsformen und Ursachen, Konzepte und Prävention. 2. Aufl., Weinheim/München 1999, S. 225–242
Melzer, W./Schwind, H.-D. (Hrsg.): Gewaltprävention in der Schule. Grundlagen – Praxismodelle – Perspektiven. Dokumentation des 15. Mainzer Opferforums des Weißen Ringes 2003. Baden-Baden 2004

Moore, M. H./Petrie, C. V./Braga, A. A./McLaughlin, B. L.: Deadly Lessons. Understanding Lethal School Violence. Washington D. C. 2002

Morita, Y.: Privatisierung in der japanischen Gesellschaft und die Struktur der Schikane an Schulen. In: Foljanty-Jost, G./Rössner, D. (Hrsg.): Gewalt unter Jugendlichen in Deutschland und Japan. Ursachen und Bekämpfung. Baden-Baden 1997, S. 85–100

Nickel, H./Schmidt-Denter, U.: Sozialverhalten von Vorschulkindern. München 1980

Nolting, H.-P./Knopf, H.: Gewaltverminderung in der Schule: Viele Vorschläge – wenig Studien. In: Psychologie in Erziehung und Unterricht, 45. Jg., 1998, S. 249–260

Nolting, H.-P.: Lernfall Aggression. Wie sie entsteht – wie sie zu vermindern ist. Hamburg 2001

Olweus, D.: Bullying or peer abuse in school: Intervention and prevention. In: Davies, G./Lloyd-Bostock, S./McMurran, M./Wilson, C. (Eds.): Psychology, Law and Criminal Justice. International Developments in Research and Practice. Berlin/New York 1996, S. 248–263

Olweus, D.: Gewalt in der Schule: Was Lehrer und Eltern wissen sollten – und tun können. 2. Aufl., Bern 1999

Olweus, D.: Täter-Opfer-Probleme in der Schule. Erkenntnisstand und Interventionsprogramm. In: Holtappels, H. G./Heitmeyer, W./Melzer, W./Tillmann, K.-J. (Hrsg.): Forschung über Gewalt an Schulen. Erscheinungsformen, Ursachen, Konzepte und Prävention, 2. Aufl., Weinheim/München 1999, S. 281–297

Olweus, D.: Stability of aggressive reaction patterns in males. A review. In: Psychological Bulletin 86 (4), 1979, S. 852–875

O'Moore, M.: Critical issues for teacher training to counter bullying and victimisation in Ireland. In: Aggressive Behavior 26 (2000), S. 99–111

Ortega, R./Lera, M.-J.: The Seville anti-bullying in school project. In: Aggressive Behavior 26 (2000), S. 113–123

Petermann, F.: Prävention von Verhaltensstörungen. Einführung in den Themenschwerpunkt. Kindheit und Entwicklung 12 (2), 2003, S. 65–70, Göttingen Hogrefe

Petermann, F./Döpfner, M./Schmidt, M. H.: Aggressiv-dissoziale Störungen. Leitfaden Kinder- und Jugendpsychotherapie. Bd. 3, Göttingen 2003

Petermann, F./Niebank, K./Scheithauer, H.: Entwicklungswissenschaften. Entwicklungspsychologie – Genetik – Neuropsychologie. Berlin 2004

Pfeiffer, C./Baier, D./Kleimann, M./Windzio, M.: Gewalterfahrungen und Medienkonsum im Leben von Kindern und Jugendlichen in Dortmund, Schwäbisch Gmünd usw. Zentrale Ergebnisse einer Repräsentativbefragung von Schülerinnen und Schülern vierter und neunter Klassen in Dortmund und zehn anderen westdeutschen Städten und Landkreisen. Januar 2006. www.kfn.uni-hannover.de

Schick, A./Cierpka, M.: «Faustlos» – Ein Gewaltpräventions-Curriculum für Grundschulen und Kindergärten. In: Melzer, W./Schwind, H.-D. (Hrsg.): Gewaltprävention in der Schule. Baden-Baden 2004, S. 54–66

Schmidt-Denter, U.: Soziale Konflikte im Kindesalter. Eine Übersicht über Forschungsergebnisse und theoretische Konzepte. In: Klauer, K. J. (Hrsg.): Jahrbuch für empirische Erziehungswissenschaft. Düsseldorf 1980, S. 173–207

Schneider, H.-J.: Kriminologie für das 21. Jahrhundert. Schwerpunkte und Fortschritte in der internationalen Kriminologie. Überblick und Diskussion. Münster 2001

Schubarth, W./Ackermann, C. (Forschungsgruppe Schulevaluation der TU Dresden): Aggression und Gewalt. 45 Fragen und Projekte zur Gewaltprävention. Dresden 2000

Schuster, B.: Bullying in der Schule. Überblick über die Forschung und Anregungen aus verwandten Forschungstraditionen. In: Empirische Pädagogik, Jg. 11, 1997, S. 315–326

Schwind, H.-D.: Phänomene und Ursachen der Gewalt in der Schule. Kann sich das Massaker von Erfurt anderwärts wiederholen? In: Melzer, W./Schwind, H.-D. (Hrsg.): Gewaltprävention in der Schule. Baden-Baden 2004, S. 21–34

Schwind, H.-D., u. a.: Unabhängige Regierungskommission zur Verhinderung und Bekämpfung von Gewalt (Gewaltkommission). Band 1, Endgutachten und Zwischengutachten der Arbeitsgruppen. Berlin 1990

Seitz, V.: Intervention programs for impoverished children. A comparison of educational and family support models. In: Annals of Child Development 7, 1990, S. 73–103

Siegel, A. E./Kohn, L. G.: Permissiveness, permission and aggression. The effect of adult presence or absence on aggression in children's play. In: Child Development 30 (1), 1959, S. 131–141

Smith, P./Ananiadou, K./Cowie, H.: Interventions to reduce school bullying. In: The Canadian Journal of Psychiatry 48, 2003, S. 591–599

Smith, P./Brain, P.: Bullying in schools. Lessons from two decades of research. In: Aggressive Behavior 26, 2000, S. 1–9

Stelly, W./Thomas, J.: Kriminalität im Lebenslauf. Tübingen 2005

Stevens, V./Bourdeaudhuij, I./van Oost, P.: Bullying in Flemish schools. An evaluation of antibullying intervention in primary and secondary schools. In: British Journal of Educational Psychology 70, 2000, S. 195–210

Straus, M. A./Gelles, R. J.: Physical Violence in American Families. Risk Factors and Adoptions to Violence in 8145 Families. New Brunswick 1990

Sturzbecher, D./Großmann, H.: Partizipation als Strategie zur Gewaltprävention. In: Pädagogisches Landesinstitut Brandenburg (Hrsg.): Information für Schule und außerschulische Arbeit zu Gewalt, Rechtsextremismus und Fremdenfeindlichkeit. Ludwigsfelde 2002

Sturzbecher, D./Wurm, S.: Jugend in Ostdeutschland. Wertorientierungen, Zukunftserwartungen, Familienbeziehungen und Freizeitcliquen. In: Sturzbecher, D. (Hrsg.): Jugend in Ostdeutschland. Lebenssituationen und Delinquenz. Opladen 2001, S. 33–84

Tomasello, M.: Die kulturelle Entwicklung des menschlichen Denkens. Frankfurt am Main 2002

Traulsen, M.: Polizeilich registrierte Gewaltdelikte junger Menschen an Schulen. In: ZJJ (Zeitschrift für Jugendkriminalrecht und Jugendhilfe) 2003, S. 250–258

Tschöpe-Scheffler, S. (Hrsg.): Konzepte der Elternbildung – eine kritische Übersicht. Opladen 2005

Wagner, U./Christ, O./van Dick, R.: Gutachten: «Maßnahmen zur Kriminalitätsprävention im Bereich Hasskriminalität unter besonderer Berücksichtigung primär präventiver Maßnahmen» für die Arbeitsgruppe: Primäre Prävention von Gewalt gegen Gruppenangehörige, insbesondere: Junge Menschen. www.kriminalpraevention.de/download (Endbericht 2004)

Wagner, U./van Dick, R./Christ, O.: Möglichkeiten der präventiven Einwirkung auf Fremdenfeindlichkeit und fremdenfeindliche/antisemitische Gewalt. In: Bannenberg, B./Rössner, D.: Düsseldorfer Gutachten. Empirisch gesicherte Erkenntnisse über kriminalpräventive Wirkungen. Düsseldorf 2002, S. 265–332 www.duesseldorf.de/download/dg.pdf

West, D. J.: Present Conduct and Future Delinquency. First Report of the Cambridge Study in Delinquent Development, London 1969

Wetzels, P.: Gewalterfahrungen in der Kindheit. Sexueller Missbrauch, körperliche Misshandlung und deren langfristige Konsequenzen. Baden-Baden 1997

Wetzels, P./Enzmann, D./Mecklenburg, E./Pfeifer, C.: Jugend und Gewalt. Eine repräsentative Dunkelfeldanalyse in München und acht anderen deutschen Städten. Baden-Baden 2001

Widom, C. S./White, H. R.: Problem behaviours in abused and neglected children grown up. Prevelance and co-occurrence of substance abuse, crime and violence. In: Criminal Behaviour and Mental Health 1997, S. 287–310

Wilmers, N./Enzmann, D./Schaefer, D./Herbers, K./Greve, W./Wetzels, P.: Jugendliche in Deutschland zur Jahrtausendwende. Gefährlich oder gefährdet? Ergebnisse wiederholter, repräsentativer Dunkelfelduntersuchungen zu Gewalt und Kriminalität im Leben junger Menschen 1998–2000. Baden-Baden 2002

Wilson, D. B./Gottfredson, D. C./Najaka, St.: School-based prevention of problem behaviors. A meta-analysis. In: Journal of Quantitative Criminology, Vol. 17, No. 3, 2001, S. 247–272

Zur Vertiefung der praktischen Umsetzungshinweise eine Auswahl von Veröffentlichungen:

Grüner, T.: Was Kinder stark und glücklich macht. Die kleine Elternschule. Freiburg 2005

Grüner, T./Hilt, F.: «Bei STOPP ist Schluss!». Werte und Regeln vermitteln. Lichtenau 2004

Durach, B./Grüner, T./Napast, N.: «Das mach ich wieder gut!». Konflikt-Kultur in der Grundschule: Mediation, Täter-Opfer-Ausgleich. Lichtenau 2002

Glattacker, M./Engel, E.-M./Grüner, T./Hilt, F./Käppler, C.: «In ihrem Herzen hassen sie alle!». Gewaltursachen aus Schülersicht. In: Reinbold, K.-J. (Hrsg.): Konflikt-KULTUR. Soziale Kompetenz und Prävention, Freiburg 2002, S. 199–215

Glattacker, M./Engel, E.-M./Hilt, F./Grüner, T./Käppler, C.: Ist Gewaltprävention an Schulen wirksam? Eine erste Bilanz über das Präventionsprogramm «Konflikt-Kultur». In: Psychologie in Erziehung und Unterricht, 49, S. 132–144

Reinbold, K.-J. (Hrsg.): Konflikt-KULTUR. Soziale Kompetenz und Gewaltprävention. Berichte aus der Praxis. Freiburg 2002

Hilt, F./Grüner, T./Engel, E.-M./Glattacker, M.: Mitmischen – Schule gestalten. Ein Partizipationsprojekt. In: Prävention, 1, 2000, S. 22–26

Engel, E.-M. u. a.: Erfolgsmodell Konflikt-Kultur? Evaluationsergebnisse. In: Reinbold, K.-J. (Hrsg.): Konflikt-Kultur. Soziale Kompetenz und Gewaltprävention. Berichte aus der Praxis, Freiburg 2002, S. 181–197